Caderno de receitas tradicionais da Toscana

DISAL
EDITORA

© Edizioni del Baldo, outubro de 2009
Título original: Ricette della tradizione Senese colli Fiorentini e delle terre Toscane
©da tradução Disal Editora, 2015

Textos: Giulia e Pierluigi Pianigiani
Tradução: Teresa Drago
Produção editorial: Crayon Editorial
Assistente editorial: Aline Naomi Sassaki

Dados Internacionais de Catalogação na Publicação (CIP)
(Câmara Brasileira do Livro, SP, Brasil)

Cadernos de receitas tradicionais de Toscana / Edizioni del Baldo. –
Barueri, SP : DISAL, 2015.

ISBN 978-85-7844-184-5

1. Cozinha italiana 2. Culinária (Receitas) 3. Culinária italiana.

15-05933   CDD-641.5945

Índices para catálogo sistemático:
1. Cozinha italiana : Receitas : Culinária :
Economia doméstica 641.5945

Todos os direitos reservados em nome de:
Bantim, Canato e Guazzelli Editora Ltda.

Alameda Mamoré 911 – cj. 107
Alphaville – BARUERI – SP
CEP: 06454-040
Tel. / Fax: (11) 4195-2811
Visite nosso site: www.disaleditora.com.br
Televendas: (11) 3226-3111

Fax gratuito: 0800 7707 105/106
E-mail para pedidos: comercialdisal@disal.com.br

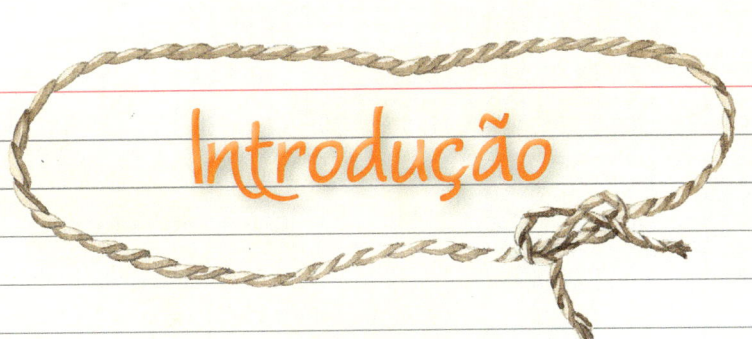

Introdução

Posidônio de Apamea (aprox. 135-50 a.C.) disse que "... entre os etruscos, duas vezes ao dia põem-se suntuosas mesas, tapetes multicoloridos e taças prateadas...". Na Toscana, o gosto pela cozinha tem, evidentemente, uma longa tradição. Exportada para a França em 1500, a cozinha toscana passou a fazer parte daquela que é a maior culinária internacional - o que não é pouco para uma cozinha regional.

A simplicidade aparente, porém acompanhada de atenção à harmonia e ao equilíbrio dos sabores, é a sua principal característica, além da preocupação meticulosa com a qualidade dos ingredientes na elaboração dos pratos.

Além disso, essa cozinha é muito rica em ingredientes especiais, como o *farro* (espécie de trigo) e o *dragoncello* (estragão), hoje conhecidos, mas que até o final dos anos 1950 eram utilizados só em algumas partes da Toscana.

Quem conhece de fato a carne *chianina* (do Vale de Chiana, cidade da província de Arezzo), a carne *maremmana* (de Maremma) e os azeites das cidades de Lucca, Maremma e Chianti, tão diferentes pela força e sabor? Os feijões *cannellini* ou *toscanelli* (tipos de feijão branco), os *marroni* (tipo de castanha) da região Garfagnana, o queijo *pecorino* (de leite

de ovelhas) da cidade de Pienza ou o toicinho da cidade de Colonnata?

Há o pão toscano, sem sal e assado a lenha, componente insubstituível de pratos famosos como a *ribollita* e a *pappa col pomodoro*; o pão também é combinado ao sabor dos frios toscanos, de grande qualidade e únicos, como a *finocchiona* (tipo de salame com sementes de erva-doce), o *buristo* (tipo de chouriço), a *soppressata* (tipo de salame toscano, feito de carne suína, gordura e cartilagens), o *bastardo* (tipo de salame), o *salame toscano* (mortadela) e o salame de javali embutido típico da região da Úmbria.

A gama dos doces é infinita e vai dos finos *ricciarelli* (doces de amêndoas), que a rainha da Inglaterra encomenda a um confeiteiro de Buonconvento todo Natal, à modesta e deliciosa *schiaccia* (tipo de torta doce coberta com uva).

Tudo isso pode ser acompanhado por vinhos nobres como o tinto *Chianti* (que até 1500 se chamava *Vermiglio*), o nobre *Montepulciano*, considerado pelo cientista e poeta Francesco Redi "o rei de todos os vinhos", e os ilustres e caros *Great Tuscany* que competem igualmente com os grandes Borgonha e Bordeaux franceses. E, para terminar, o *Vinsanto* original, de rara e inimitável harmonia de perfumes e sabores.

Neste livro, traremos de volta as receitas "de família", passadas dos avós aos netos com as pequenas variações pessoais acrescentadas e consolidadas no tempo. Sendo assim, algumas receitas podem ser um pouco diferentes das que você conhece. Nada de estranho, tratando-se de avós da Toscana, porque um toscano dificilmente quer fazer algumas coisa "como todos os outros".

As receitas servem 4 pessoas, a menos que seja indicado.

Cozinha 4 Toscana

Antepastos mata-fome

O clássico antepasto toscano é feito com embutidos, queijos e crostini. Quanto mais variedades de embutidos, melhor: presunto toscano (melhor se a carne for de leitão da raça Cinta Senense), finocchiona, soppressata, buristo senese, linguiça seca de javali etc. A mesma coisa pode-se dizer dos crostini que, além dos imprescindíveis crostini neri de fegatini e milza, podem também ser feitos com polenta e pão frito.

Entre os queijos predominam os delicados queijos de ovelha ou de cabra, como o ravaggiolo (ou raveggiolo), o marzolino e o scodellato.

Tudo isso acompanhado de um bom molho de azeite, sal e pimenta, além das verduras frescas ou das conservas de legumes em óleo e vinagre.

Panzanella
Salada à base de pão amanhecido, tomates e cebolas

Para este típico prato toscano, indicamos o uso da cebola de Certaldo, a qual desde a Idade Média está presente no brasão do município, para lembrar Giovanni Boccaccio, que no Decamerão afirma que a sua cidade produz "cebolas famosas em toda a Toscana".

Ingredientes: 400g de pão toscano amanhecido (ou pão italiano), 4 tomates maduros, 2 cebolas roxas, manjericão, vinagre, azeite extravirgem, sal.

Coloque o pão de molho em água fria por cerca de 15 minutos, esprema-o bem e esmigalhe-o em uma tigela. Ele deve ficar solto e não pegajoso. Acrescente os tomates cortados em pedacinhos, as cebolas em fatias finas e o manjericão. Tempere com sal, vinagre e pouquíssimo azeite. Cubra a tigela e deixe-a na geladeira por cerca de meia hora. Depois, adicione mais um pouco de azeite, mexa e sirva. Com ovos cozidos e um bom atum em óleo, fica um excelente prato único de verão.

Coccoli
Bolinho de massa frito

Ingredientes: 400g de farinha de trigo, 40g de levedo de cerveja, 1 concha de caldo de carne, 50g de manteiga, azeite extravirgem, sal.

Disponha a farinha na mesa e faça um buraco no meio. Derrame o levedo depois de tê-lo dissolvido no caldo de carne morno, adicione a manteiga, uma pitada de sal e misture tudo até obter uma bola lisa. Deixe repousar por duas horas. Faça bolinhas do tamanho de uma noz e frite-as em azeite abundante. Sirva os *coccoli* quentes, acompanhados de frios toscanos (presunto, *soppressata, finocchiona*) e de queijo pecorino *scodellato* (pecorino fresquíssimo não solidificado).

Queijo pecorino com favas frescas

Ingredientes: favas frescas, queijo pecorino não curado, pão toscano (ou italiano), sal.

Debulhe as pequenas favas frescas de sabor amargo e coma-as com uma pitada de sal, o queijo pecorino fresco de Pienza e o pão. Sirva com um Chianti jovem.

Fettunta

Pão tostado com azeite, semelhante à _bruschetta_

Ingredientes: pão toscano* (ou pão italiano), 1 dente de alho, azeite extravirgem, sal.

Corte o pão em fatias de 1cm de espessura e toste-as em uma grelha ou no forno. Esfregue o alho em só um lado de cada fatia, salgue e tempere com o azeite.

* O pão toscano não é salgado, por isso a receita original leva sal. Se utilizar um pão já salgado, não acrescente o sal.

Crostini di polenta

Crostini de polenta ao invés de pão tostado

Ingredientes: 300g de fubá, 3 linguiças de porco, 2 echalotas, 1 cebola roxa, 1 tomate maduro, azeite extravirgem.

Prepare a polenta, deixe esfriar e corte-a em fatias de 1cm. Frite a cebola e as echalotas em um pouco de azeite, acrescente as linguiças esmigalhadas, o tomate em pedaços e cozinhe tudo. Frite a polenta em bastante óleo, escorra-a em papel toalha e cubra-a com o molho de linguiça. Sirva os _crostini_ quentes.

Crostoni prosciutto e pecorino

Grossas fatias de pão tostadas e cobertas por presunto e queijo pecorino

Ingredientes: 4 fatias de pão toscano amanhecido (ou pão italiano), 100g de presunto toscano (ou presunto cru), 200g de queijo pecorino fresco, 1 ovo, leite, sal.

Banhe as fatias de pão no leite. Coloque-as em uma forma e espalhe sobre elas os pedaços de pecorino e de presunto cortado bem fino. Pincele tudo com o ovo batido com uma pitada de sal e coloque no forno a 200°C até dourar. Sirva quente.

Scagliozzi
Polenta frita em fatias

Presente também na cozinha na-politana e de Bari, é servido como antepasto quente. É essencialmente uma comida de rua, servida em um cartucho de papel, aquecendo o estômago e as mãos.

Ingredientes: polenta, azeite extravirgem, sal.

Prepare a polenta, deixe esfriar e corte em retângulos de cerca 8 × 4 cm e 1cm de espessura. Frite-a em azeite bem quente e, antes que esteja totalmente frita, coloque os *scagliozzi* sobre papel absorvente de cozinha. Na hora de comê-los, repasse-os em azeite bem quente até completar a fritura, para ficarem extremamente crocantes por fora e macios por dentro. Sirva com uma pitada de sal fino.

Crostini neri
Crostini pretos de fígado de frango

Este é um dos pratos mais conhecidos da cozinha toscana e, ainda hoje, está sempre entre os antepastos das festividades familiares.
Pela fama e por serem receitas "de família", têm muitas variantes e po-dem ser feitos com ou sem manteiga, cebola, alho, aliche, carne moída etc. Propomos a que mais nos agrada.

Ingredientes: pão toscano amanhecido (ou pão italiano), 300g de fígado de frango, 2 filés de aliche, 1 colher de alcaparras em vinagre, 1 dente de alho, sálvia, 1/2 copo de vinho branco seco, azeite extravirgem, sal, pimenta.

Aqueça o azeite com alho e sálvia. Refogue os fígados de frango, colo-que o vinho branco, espere evaporar e passe-os no processador ou no moedor junto com os filés de aliche e as alcaparras. Acrescente o caldo e deixe ferver até obter uma consistência igual à de um mingau. Fatie o pão em retângulos de 6 × 8 cm e retire a

casca. Coloque o caldo morno em um prato e passe nele ligeiramente um só lado das fatias. Espalhe sobre elas a mistura de fígado e enfeite com uma alcaparra.

Crostini di milza 1
Crostini de baço de frango

Assim como os crostini pretos, estes não podem faltar em um antepasto toscano tradicional.

Ingredientes: pão toscano amanhecido (ou pão italiano), 200g de baço de frango*, 1 fígado de frango, 2 cebolas brancas miúdas, 2 talos de salsão, alcaparras, 1/2 copo de vinho branco seco, caldo de carne, sal, pimenta.
* No Brasil, não se costuma usar o baço do frango.

Antes de tudo, tire a película do baço e a bile do fígado. Corte o salsão e as cebolas bem finos e refogue-os ligeiramente em azeite. Junte o fígado e o baço em pedacinhos, cozinhe-os em fogo lento e depois aumente a chama. Coloque o vinho e deixe-o evaporar. Despeje o caldo de carne quente e deixe ferver, cozinhando por mais alguns minutos.

Passe tudo no mixer, acrescente uma colher de sopa de alcaparras picadas grosseiramente, recoloque a panela no fogo e deixe ferver por 5 minutos, juntando, se necessário, mais caldo.

Quando atingir uma consistência cremosa (de patê), desligue o fogo. Antes de receber o patê, o pão deve ser ligeiramente molhado de um só lado no caldo de carne morno disposto em um prato raso, para evitar que encharque.

Espalhe o patê sobre as fatias de pão. Corte-as em retângulos regulares de menos de 1cm de espessura.

Crostini di milza 2
Crostini de baço de frango

Esta receita é tão típica quanto a primeira e, na região de Siena, talvez mais comum que a anterior.

Ingredientes: pão toscano (ou pão italiano), 150g de baço de frango, 4 filés de aliche, 1 talo de salsão, 1 cenoura, 1 cebola, alcaparras, manteiga, azeite extravirgem, pimenta.

Tire a película do baço. Refogue os vegetais com manteiga e azeite em mesma proporção e adicione o baço. No final do cozimento, tire o baço do refogado e passe-o no processador junto com a aliche. Recoloque tudo no caldo que ficou na panela do cozimento, aqueça, junte as alcaparras bem picadas e espalhe o creme obtido sobre o pão tostado no forno e ligeiramente amanteigado.

Uova briache con cipolle
Ovos bêbados com cebolas

Prato com raízes profundas na história medieval das regiões de Siena e da belíssima Massa Marittima. Pode ser servido como antepasto e também como segundo prato ou prato único de um jantar leve de verão.

Ingredientes: 4 fatias de pão toscano (ou pão italiano), 4 ovos, 300g cebolas brancas, 1 dente de alho, 1 raminho de alecrim, 1/2 litro de vinho tinto, vinagre balsâmico, azeite extravirgem, sal, pimenta-do-reino em grãos.

Cozinhe os ovos, que devem ser frescos, no vinho tinto. Quando estiverem duros, deixe-os esfriar. Enquanto isso, corte as cebolas em fatias finas e refogue-as lentamente no azeite com o alho e o alecrim; para que não sequem durante o cozimento, coloque o vinho em que foram cozidos os ovos. Alguns minutos antes do fim do cozimento, salgue e borrife uma colher de vinagre balsâmico (algumas receitas tradicionais pedem vinagre de vinho comum).

Toste ligeiramente as fatias de pão no forno, pique os ovos e disponha sobre cada fatia de pão uma camada de cebolas refogadas e outra de ovos cozidos. Finalize com pimenta-do-reino moída na hora.

Crostini di porcini
Crostini de cogumelos

Ingredientes: fatias de pão toscano (ou pão italiano), 400g de cogumelo porcini fresco, 50g de cogumelo seco, 2 ovos, 3-4 dentes de alho, 1/2 cebola, salsinha, 1 colher de sopa de manteiga, azeite extravirgem, sal, pimenta.

Deixe os cogumelos secos de molho em água quente, por cerca de 10 minutos. Enquanto isso, refogue os cogumelos frescos com alho, cebola e salsinha; salgue e coloque pimenta. Depois, junte os cogumelos secos e deixe cozinhar, acrescentando a água coada dos cogumelos quando necessário. Tire do fogo, espere amornar e coloque as gemas de ovo batidas e a manteiga. Misture e espalhe uma camada abundante sobre as fatias de pão ligeiramente tostadas. Coloque as fatias em uma assadeira e leve ao forno por 2 minutos. Tire os *crostini* do forno, salpique-os com salsinha picada e sirva-os quentes.

Crostini con l'acciuga
Crostini com aliche

Ingredientes: pão toscano (ou pão italiano), 200g de aliche salgada (ou 100g de filés de aliche), 50g de alcaparra, 1 dente de alho, 1/2 cebola, 1 maço de salsinha, 1 peperoncino seco (ou pimenta-malagueta seca ou dedo-de-moça), 3 colheres de sopa de vinagre, 6 colheres de sopa de azeite extravirgem.

Se usar aliches salgadas, lave-as e faça os filés. Corte em pedacinhos a cebola, o alho, a pimenta e a salsinha. Coloque o pão de molho na água, esprema-o e misture-o muito bem aos temperos picados. Em uma saladeira, faça camadas de aliche e de molho até acabarem os ingredientes (finalize com o molho). Deixe repousar por 24 horas. Depois disso, toste os *crostini* no forno, espalhe sobre eles uma fina camada de azeite e complete com as aliches e o molho.

Crostoni de couve preta*

Ingredientes: pão toscano amanhecido (ou pão italiano), 2 maços de couve preta (ou couve troncha), 2 dentes de alho, azeite extravirgem, pimenta-do-reino em grãos.

Limpe as folhas da couve, eliminando os talos, ferva-as em água salgada e escorra-as bem; aperte-as e corte-as em fatias finas. Em uma frigideira, aqueça o azeite com os dentes de alho cortados em fatias e refogue a couve por cerca de 3 minutos, regulando eventualmente o sal.

Toste no forno o pão cortado em fatias, esfregue-as com o alho e disponha sobre elas a couve refogada na frigideira. Regue com um fio de azeite cru e complete com um punhado de pimenta-do-reino.

Se não quiser colocar pimenta-do-reino, aqueça no azeite, junto com o alho, meia pimenta-malagueta ou dedo-de-moça.

* Couve preta (*cavolo nero*) é uma couve enrugada, ligeiramente adocicada e com um fundo amargo. Pode ser encontrada como couve crespa da Toscana. Na Toscana, como alternativa ao *cavolo nero*, são usadas também a couve troncha (galega) ou o repolho. Para dar a cor escura do *cavolo nero*, acrescente um pouco de catalonha ou chicória. Há também a alternativa de usar couve-manteiga ou acelga chinesa. (N.T.)

Cannoli di uova casentinesi
Cannoli de ovos de Casentino

Pane e lardo di Colonnata
Pão e toicinho de Colonnata

O Vale do Casentino possui famosos monumentos medievais, como o castelo de Poppi, e célebres "lugares da alma", como os eremitérios de Camaldoli e da Verna. Na cozinha, dominam ingredientes clássicos do campo: pão, verduras, aves, coelhos e ovos. Sugerimos uma receita de ovos "de festa".

Ingredientes: 400g de massa folhada, 4 ovos, 50g de queijo fontina (ou maasdam, ou estepe), 2 colheres de sopa de parmesão ralado, manteiga, 2 colheres de azeite extravirgem, sal.

Abra a massa até uma espessura de 3mm e corte-a em tiras de 1 × 10 cm. Unte-a com manteiga e enrole-a, fazendo uma espiral. Umedeça a superfície e leve ao forno a 200°C por 20 minutos. Bata os ovos com o parmesão e sal. Na frigideira, derreta 10g de manteiga com o azeite e acrescente os ovos. Mexa bem. Preencha os cannoli e feche-os com um pedacinho do queijo fontina.

Até pouco tempo, em Colonnata, um vilarejo de montanha da cidade de Carrara, o toicinho era o recheio "pobre" dos sanduíches dos escavadores de mármore. Em uma espécie de bacia escavada em um bloco de mármore (la concia), colocam-se as fatias de toicinho sobre uma camada de sal grosso marinho, pimenta-do-reino, alho fresco, sálvia e alecrim. Ali, fechado em uma placa de mármore, o toicinho fica curtindo por pelo menos 6 meses. O preparo e o recipiente justificam a raridade (e o preço) do autêntico toicinho de Colonnata.

Ingredientes: pão toscano (ou pão italiano), toicinho de Colonnata, tomate.

Corte o toicinho em fatias muito finas, disponha-o sobre pedaços de pão italiano recém-tostados (se possível, sobre brasas de lenha) e complete com uma fina fatia de tomate sem tempero.

Mancha-toalhas: molhos

Agliata
Alhada

Receita antiga, citada por Folgore da San Gimignano no final dos anos 200, sugerindo-a como acompanhamento de um verdadeiro banquete a ser consumido em grupo na Piazza del Campo de Siena. "Comer gelatina desmedidamente, perdizes assadas e jovens faisões/capões cozidos e cabritos soberanos/e, para quem gostasse, a novilha e a alhada...". (Poesia de Folgore da San Gimignano)

Ingredientes: 10 dentes de alho, 20g de miolo de pão amanhecido, 1/2 colher de chá de gengibre e canela, 1 cravo-da-índia, 1/2 xícara de chá de caldo de carne ou de legumes, sal.

Asse 9 dentes de alho, com casca e envoltos em folha de alumínio, por meia hora. Coloque o miolo de pão de molho no caldo e esprema-o. Descasque os alhos assados e o dente de alho cru que ficou separado, esmague-os e adicione-os ao miolo de pão. Misture tudo muito bem e adicione pouco a pouco o gengibre, a canela, uma pontinha do cravo e a quantidade de caldo necessária para atingir uma consistência cremosa. Salgue, deixe ferver em fogo baixo por alguns minutos e sirva a alhada quente, com assados ou cozidos.

Existe também uma versão que era chamada de "molho pobre":

Ingredientes: 3-4 dentes de alho, 1 maço de salsinha, 1 pimenta-malagueta, azeite extravirgem, sal.

Pique os ingredientes bem finos e amasse-os em um pilão até reduzi-los a uma pasta homogênea, que deve ser diluída despejando azeite em fio até atingir uma consistência semilíquida.

Alhada branca

*É uma variante medieval
e mais delicada do mesmo molho.*

3 dentes de alho, 20g de miolo de
pão amanhecido, 70g de amêndoas sem pele,
1 ½ xícara de caldo de carne, sal.

Prepare o caldo de carne, deixe-o na geladeira e,
depois de bem frio, retire a gordura.
Coloque o miolo de pão de molho no caldo já sem gordura.
Amasse (ou liquidifique) as amêndoas e o alho.
Acrescente o miolo de pão e amasse tudo para obter um composto
homogêneo e cremoso. Bata com o caldo até atingir a
consistência desejada. Salgue e sirva com cozidos.

Salsa di agresto
Molho de uva verde

O agraço (agresto) é a uva "abortada", ou seja, cachos de pequenos bagos verdes, que não cresceram nem amadureceram. Desde a época romana e sobretudo na Idade Média, é feito com essa uva uma espécie de vinagre utilizado para molhos e bebidas ligeiramente ácidas, consideradas benéficas para o corpo. Para substituir o agraço, ferva vinho tinto, vinagre de vinho tinto e um pouco de mel.

Ingredientes: 2 xícaras de agraço, 24 amêndoas sem pele, 12 nozes sem pele, 20g de miolo de pão amanhecido, 1 colher de chá de açúcar, 1/2 cebola, 1 dente de alho, 1 ramo de salsinha, 1 colher de sopa de caldo, sal.

Pique a cebola, adicione o agraço e as frutas secas e amasse todos os ingredientes no pilão, colocando uma pitada de sal. Dilua tudo no caldo, coe e aqueça sem ferver. Sirva com assados e cozidos.

Acciugata
Patê de aliche

Ingredientes: 6 aliches salgadas, 1 dente de alho, 5 colheres de sopa de azeite extravirgem.

Limpe e descame as aliches, sem lavá-las. Esmague o dente de alho e coloque-o em uma frigideira com o azeite, em fogo baixo. Quando começar a dourar, adicione as aliches e mexa-as com uma colher de pau até dissolverem; retire o alho.

O patê está pronto e pode ser consumido quente, com cozidos e bistecas grelhadas, ou frio (sem colocar na geladeira), para temperar massas ou feijões brancos cozidos.

Aquecendo o estômago: sopas

Acquacotta
Sopa de água

Acquacotta con funghi porcini
Sopa com cogumelos porcini

Receita típica dos carvoeiros, que no invemo trabalhavam em Maremma e viviam em choupanas cobertas de palha; hoje, existem infinitas variações mais ou menos ricas desta receita. Em seguida, damos a receita básica.

Ingredientes: 3 cebolas, 500g de tomate maduro, 1 talo de salsão, 3 ovos, pão toscano (ou pão italiano), queijo parmesão ralado, azeite extravirgem, sal.

Corte as cebolas em fatias finas e frite-as em uma panela, com algumas colheres de azeite. Quando murcharem, adicione o salsão cortado em pedacinhos e os tomates sem pele e sem sementes (tomates pelados).

Salgue e cozinhe por meia hora. Acrescente um litro de água fervendo e deixe ferver por 5 minutos. Junte os ovos batidos com sal e bastante queijo parmesão. Coloque uma fatia de pão tostado no fundo do prato, acrescente a sopa e sirva.

Ingredientes: 100g de cogumelos porcini (ou 500g de cogumelos frescos), 1 cebola, 2 cenouras, 2 talos de salsão, 2 dentes de alho, 1 pimenta-malagueta, 1 maço de salsinha, pão toscano (ou pão italiano), 2 colheres de sopa de azeite extravirgem, 4 gemas, sal, pimenta-do-reino.

Pique a cebola, as cenouras e o salsão e leve-os ao fogo, com a pimenta-malagueta e 1 litro de água com sal por cerca de meia hora.

Hidrate os cogumelos em água morna e escorra. Filtre a água em que os cogumelos ficaram de molho e acrescente-a ao caldo. Em uma frigideira, salteie os cogumelos com alho, azeite, sal e pimenta e, ao final, acrescente a salsinha picada. Junte os cogumelos ao caldo e ajuste o sal. Sirva em tigelas individuais, acrescentando uma gema em cada tigela, um pouco de salsinha picada e, se desejar, pão tostado.

Papa com tomate

Ingredientes: 1kg de tomate maduro, 350g de pão toscano amanhecido (ou pão italiano), 4 dentes de alho, manjericão, azeite extravirgem, sal, pimenta-do-reino.

Pique os tomates, cozinhe-os em fogo médio com 1 litro e meio de água ou de caldo leve e depois passe-os na peneira.

Doure o alho picado no azeite, adicione os tomates passados na peneira, o pão cortado em fatias finas, o manjericão, o sal e a pimenta-do-reino. Deixe repousar e sirva a papa, fria ou quente, com um fio de azeite cru.

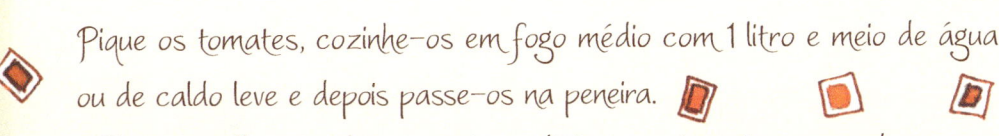

Minestra di piscialletto
Sopa de dente-de-leão

Em grande parte da Toscana dá-se o nome de piscialletto ao dente-de-leão (taráxaco), erva do campo comum com flores amarelas, conhecida pelas suas qualidades diuréticas. Além de ser consumida em saladas, é utilizada nesta sopa agradável e saborosa.

Ingredientes: 250g de folha de dente-de-leão, 2 dentes de alho, 1 alho-poró, 1 talo de salsão, queijo parmesão ralado, azeite extravirgem, sal, pimenta-do-reino.

Limpe o alho-poró, corte suas extremidades, pique-o junto com o salsão e o alho e doure tudo no azeite.

Adicione as folhas de dente-de-leão, deixe-as cozinhar por 5-6 minutos, coloque o sal e a pimenta-do-reino. Acrescente água ou caldo, cozinhe por mais meia hora e depois bata tudo no liquidificador.

Sirva com um fio de azeite cru e o queijo parmesão.

Garmugia
Sopa de vegetais

Trata-se de uma antiga e nutritiva sopa originária dos montes Apeninos.

Ingredientes: 60g de rigatino (bacon), 150g de carne moída magra, 5-6 cebolinhas de cabeça graúda, 500g de vegetais (ervilhas, favas, pontas de aspargos, alcachofras fatiadas), pão toscano amanhecido (ou pão italiano), 1 litro de caldo de carne.

Frite as cebolinhas e o bacon cortado em tiras finas, acrescente a carne e refogue bem. Adicione os vegetais, misture e cozinhe por aproximadamente 15 minutos. Acrescente o caldo e deixe ferver.

Sirva sobre fatias de pão tostado. Se quiser, esfregue sobre as fatias de pão com um pouco de alho cru antes de cobri-las com a sopa.

 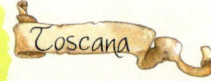

Minestra di riso, cavolo verza e lampredotto

Sopa de arroz, couve troncha e abomaso

O abomaso garante a tipicidade floren-tina dessa sopa que, muitas vezes, era o único prato de um jantar de inverno.

Ingredientes: 400g de estômago de boi (de preferência abomaso), 150g de arroz, 1 cebola, 1 cenoura, 1 talo de salsão, 1 colher de sopa de molho de tomate, 1 couve troncha (ou repolho), 1 litro e meio de caldo, azeite extravirgem, sal, pimenta-do-reino, queijo parmesão.

Pique a cebola, a cenoura e o salsão, e refogue-os com azeite. Quando os vegetais murcharem, adicione o abomaso cortado em fatias finas, um punhado da couve (ou repolho) cortada fina, o sal, a pimenta e o molho de tomate diluído em um pouco de água. Depois de 3-4 minutos, acrescente o caldo e, quando iniciar a fervura, adicione o arroz. Cozinhe com a panela tampada e deixe descansar por alguns minutos antes de servir com queijo parmesão.

Minestra con le rigaglie

Sopa de miúdos

Rigaglie são as partes internas das aves: coração, fígado, testículos, ovos não botados, moela. O nome deriva de regalia, porque eram as partes das aves cedidas aos servos. Na Toscana, as rigaglie são muito usadas para preparar crostini, molhos para as massas e fricassês. Essa receita era servida como primeiro prato (seguido frequentemente por outro prato de massa ou arroz) nos almoços de grandes ocasiões ou na sporcellata, almoço preparado quando se matava um animal e as partes que não podiam ser conservadas eram cozidas.

Ingredientes: 400g de miúdos, 200g de talharim, queijo parmesão ralado, 1 litro e meio de caldo de carnes mistas (galinha e bovina).

Quando o caldo estiver pronto, desengordure-o filtrando bem e ferva-o.

Limpe e pique os miúdos em pedacinhos (menos as moelas), acrescente ao caldo e deixe ferver. Adicione os talharins ao caldo fervente até boiarem no caldo (cerca de 2 minutos), tire do fogo e sirva com queijo parmesão.

Cipollata
Sopa de cebola

Mais do que uma sopa, esse é um prato único bastante consistente para o inverno, feito para aquecer o estômago e o paladar.

Ingredientes: 1kg de cebolas brancas, 400g de costelinha de porco (no dialeto senense, costoleccio), 200g de pão toscano amanhecido (ou pão italiano), 50g de linguiça de porco, 50g de bacon, 1 dente de alho, 1 cenoura, 1 talo de salsão, azeite extravirgem delicado, sal.

Ferva as costelinhas, a cenoura, o salsão e meia cebola em 1 litro e meio de água salgada. Deixe cozinhar até a carne começar a soltar do osso, e então dessosse-a. Corte a carne em pedacinhos e filtre o caldo. Reserve.

Fatie as cebolas e mantenha-as em água corrente por pelo menos 10 minutos. Doure no azeite a linguiça sem pele e desmanchada junto com o bacon picado.

Assim que dourarem, acrescente as cebolas bem escorridas e deixe apurar em fogo médio, com a panela destampada. Em seguida, acrescente duas conchas do caldo e cozinhe com a panela tampada, colocando, aos poucos, mais um pouco do caldo.

Quando as cebolas desmancharem, adicione a carne das costelinhas e todo o caldo restante.

Depois de aproximadamente meia hora, coloque a *cipollata* na sopeira, onde já deverão estar dispostas as fatias de pão, tostadas e esfregadas levemente com alho cru. Deixe descansar por aproximadamente 3 minutos para que o pão fique ensopado e sirva-a quente com um bom vinho tinto, como o Rosso di Montalcino.

Sopa de arroz e alho-poró

Ingredientes: 250g de arroz, 4 alhos-porós, farinha, queijo parmesão ralado, 1 litro e meio de caldo de legumes, manteiga, azeite extravirgem, sal, pimenta.

Prepare um bom caldo de legumes com todos os temperos e cozinhe o arroz nesse caldo, deixando-o al dente.

Corte o alho-poró em fatias bem finas, salpique-as com a farinha e refogue-as na manteiga até dourarem. Acrescente, então, a sopa de arroz, deixe cozinhar por mais 5 minutos e sirva com um fio de azeite e bastante parmesão.

Gurguglione
Prato vegetariano

Este prato chegou na Maremma se-
nense pela Ilha de Elba, que fica bem
em frente. É um prato tipicamente de
verão, para ser preparado no frescor
da noite e consumido frio, sem no
dia seguinte ter de acender o fogão.

Ingredientes: 400g
de tomates, pão
toscano (ou italiano),
2 abobrinhas, 2 batatas,
2 berinjelas, 2 pimentões, 1 cebola,
manjericão, salsinha,
1 pimenta-malagueta, 1 copo de azeite
extravirgem, sal.

Limpe os vegetais e corte-os em
pedaços. Coloque bastante azeite
em uma panela e doure a cebola, o
manjericão, a salsinha e a pimenta-
-malagueta picados. Acrescente as
batatas cortadas em pedacinhos e
depois, aos poucos, todos os outros
vegetais, mantendo a chama alta.
Abaixe o fogo, salgue e continue o
cozimento com a panela tampada,

adicionando pouca água para que os
vegetais refoguem no próprio líquido.
Quando desmancharem, coloque-os
sobre algumas fatias finas de pão levemente tostadas e esfregadas com um
alho. Um fio de azeite e um pouco de
pimenta-do-reino moída completarão
o prato.

Ribollita
(e "la zuppa")
Sopa tradicional

Ingredientes: pão toscano (ou italiano)
amanhecido, 400g de feijão branco,
1/2 couve troncha ou repolho,
5 folhas de couve preta (cavolo nero -
ver nota na p. 13), 2 cenouras,
1 talo de salsão, 1 cebola, 2 abobrinhas,
2 tomates maduros (ou pelados),
2 batatas, 1 maço de salsinha, 5 folhas de
acelga chinesa, 100g de ba-
con, azeite extravirgem,
sal, pimenta-do-reino.

Pique bem a cebola,
a salsinha, o salsão, as cenouras e
o bacon e refogue-os em um pou-

Zuppa volterrana

Sopa da região de Volterra

A esplêndida cidade de Volterra abriga uma porta etrusca com 2500 anos, perfeitamente conservada. Considerando os ingredientes, essa sopa obviamente não é tão antiga, porém, assim como a tripa à volterrana, pertence à mais antiga tradição culinária da região.

Ingredientes: 150g de feijão branco seco, 50g de bacon, couro de presunto (ou de bacon), 200g de tomate pelado, 3 batatas, 2 abobrinhas, ½ couve troncha ou repolho, 1 maço de acelga chinesa, 6 fatias de pão toscano amanhecido (ou italiano), 1 cebola, 2 dentes de alho, 1 talo de salsão, salsinha, 1 cenoura, sálvia, 8 colheres de azeite extravirgem, sal, pimenta-do-reino.

Deixe os feijões de molho na água por seis horas para amolecer. Escorra-os e coloque-os na panela com 2 dentes de alho, vários pedaços de couro de presunto e um raminho de sálvia. Acrescente 2 litros de água fria, coloque no fogo e, quando ferver, abaixe a chama ao mínimo. Continue o cozimento por uma hora, com a panela tampada. Pique os temperos e refogue-os em uma panela com azeite e bacon cortado em cubinhos; quando dourar, adicione as abobrinhas e as batatas cortadas em pedacinhos e a couve e a acelga em tiras. Acerte o sal e a pimenta e, depois de cerca 20 minutos, acrescente os feijões (metade dos quais passados no processador). Deixe cozinhar por mais uma hora e sirva em pratos ou tigelas, com fatias de pão ligeiramente tostadas.

co de azeite. Acrescente aos poucos, cortados em cubos, nesta ordem: as batatas, as abobrinhas e os tomates. Por fim, acrescente a couve troncha, as folhas de couve preta e a acelga chinesa cortadas grosseiramente. Cubra com cerca de 1 litro de água e deixe ferver por uma hora.

Enquanto isso, cozinhe os feijões em água e sal sem que se desmanchem, junte-os aos vegetais e passe tudo no processador (ou no mixer) com o caldo do cozimento. Deixe ferver por 15 minutos, mexendo sempre para não grudar.

Corte o pão em fatias muito finas e disponha-as em camadas em uma sopeira, molhando-as com o caldo. Deixe repousar por 10 minutos.

A esta altura, já se pode comer o que na região de Siena se chama "a sopa" (*la zuppa*), acompanhada de meia cebola roxa crua. À noite, coloque tudo em uma panela (se possível de barro) e torne a cozinhar por alguns minutos.

Sirva a *ribollita* quente, sem cebola, com um fio de azeite cru.

Dadas as suas origens muito antigas, esta receita tem infinitas variantes, mas os ingredientes essenciais são o pão, os feijões e a couve preta.

Minestra della sciorna
Sopa da mulher boba

Na região de Maremma, chama-se de sciorna a mulher não muito esperta (provavelmente a palavra vem do latim exornus, "sciocco" - bobo, tonto). Essa mulher, depois de passar a manhã conversando e não ter mais o tempo necessário para preparar a massa, consertava a situação preparando os briciolelli, de preparo bastante rápido. A receita ainda é muito comum na Região da Maremma de Grosseto.

Ingredientes: 400g de feijão fresco ou seco deixado de molho, 1 cebola branca e 1 roxa, sálvia,

2-3 dentes de alho, 1 talo de salsão, 1 cenoura, 100g de bacon, 3 colheres de extrato de tomate, 300g de farinha de trigo, 1 ovo, azeite extravirgem, sal, pimenta-do-reino.

Pique a cebola branca, o salsão, o alho, a cenoura e o bacon. Cozinhe os feijões e a cebola roxa em água com sal e algumas folhas de sálvia. Refogue os ingredientes picados no azeite e, quando estiverem dourados, adicione o extrato de tomate dissolvido em meio copo de água morna. Salgue, coloque a pimenta-do-reino e cozinhe por 15 minutos. Passe tudo no mixer ou processador e acrescente na panela com o caldo de feijão. Enquanto isso, misture o ovo batido na farinha e amasse com os dedos para obter grandes migalhas: os *briciolelli*. Coloque-os no caldo fervente e sirva.

Minestra di ceci e castagne
Sopa de grão-de-bico e castanha

Ingredientes: 500g de grão-de-bico, 500g de castanha portuguesa, 2 dentes de alho, alecrim, 1 folha de louro, azeite extravirgem, sal, pimenta.

Deixe o grão-de-bico de molho durante a noite toda e cozinhe-o no dia seguinte com um dente de alho em fogo lento. Depois de cozido, esmague a metade dele e deixe o restante em grão. Tire a casca e a membrana das castanhas e ferva-as com a folha de louro. Refogue o alho e o alecrim no azeite e coloque tudo na panela do grão-de-bico, acrescentando também o grão-de-bico triturado e as castanhas. Deixe descansar 5 minutos e sirva.

Minestra di "magro"
Sopa magra

Com as mesmas motivações da massa di magro (recheio sem carne), preparava-se também esta sopa.

Ingredientes: macarrão para sopa, 1 cebola, 1 tomate pelado,

2 cubos de caldo de legumes, 2 folhas de manjericão, 1 colher de azeite extravirgem.

Refogue uma fatia fina de cebola na frigideira com azeite. Adicione o tomate pelado, os cubos de caldo de legumes e, depois de 2 minutos, 1 litro de água e deixe ferver. Coloque o macarrão. Quando estiver cozido, apague o fogo e acrescente o manjericão. Deixe descansar por alguns minutos e sirva. Apesar dos poucos ingredientes, é uma sopa saborosa.

Zuppa di farro e cavolo nero
Sopa de espelta e couve preta

A espelta, ou trigo-vermelho, é o cereal mais antigo entre os ainda cultivados. Como é um produto de baixo

rendimento em relação ao trigo, por precisar ser beneficiado, sua produção está sendo abandonada aos poucos. A região da Garfagnana é provavelmente a única na Itália em que sempre foi cultivado.

Ingredientes: 400g de couve preta (cavolo nero - ver nota na p. 13), 200g de batatas, 150g de espelta (da Garfagnana), 80g de cebola, 120g de polpa de tomate, 5 1/2 xícaras de caldo, queijo pecorino toscano ralado (ou parmesão), 3 colheres de sopa de azeite extravirgem, sal, pimenta-do-reino.

Coloque a espelta de molho por 12 horas, depois escorra-a, troque a água e deixe-a de molho por mais 1 hora. Nesse ínterim, descasque e corte as batatas em cubinhos, fatie a couve troncha em tiras e pique a cebola. Refogue a cebola, a batata e a couve preta no azeite, depois acrescente a espelta cozida e coada, o caldo e a polpa de tomate. Acerte o sal e a pimenta e cozinhe em panela tampada com fogo moderado. Sirva a sopa bem quente, com bastante queijo.

Bordatino

à livornese

O "bordatino" era um tecido listrado de algodão (também chamado "rigatino") usado para confeccionar os aventais dos "bottegai" (comerciantes de gêneros alimentícios) e dos vendedores ambulantes.

Ao preparar este prato, o caldo escuro derramado em fio sobre a polenta lembra o desenho do tecido. Esse procedimento é uma maneira de dar sabor à polenta, aproveitando as sobras.

Ingredientes: 800g de fubá, caldo de feijão fresco tipo borlotto (vagem riscada de vermelho), parmesão ralado, azeite extravirgem, sal.

Prepare uma polenta mole. Na metade do cozimento, adicione, em fio, o caldo denso dos feijões e confira o sal. Tempere com um fio de azeite ou uma colher de manteiga e polvilhe com o parmesão.

CASA DOLCE CASA

Em perfumaria, o perfume típico da Toscana é o do giaggiolo, giglio fiorentino ou iris, isto é, flor-de-lis ou iris, o lírio florentino, o qual tinge de azul as bordas verdes das estradas e as pedras cinzas do Chianti na primavera. Na cozinha, porém, o perfume tipicamente toscano é o do estragão, que, segundo uma tradição senense, teria sido trazido da França por Carlos Magno em 747 e cultivado pela primeira vez na Itália na Horta dos Simples (onde se cultivavam ervas medicinais) do poderoso abade de Sant'Antimo, em Montalcino.

Piscialletto
(dente-de-leão)
O dente-de-leão ou taraxaco (piscialletto ou tarassaco) é muito usado na Toscana, em saladas e na sopa típica.

Erba Persia (manjerona)
Um antigo tratado diz que "...agrada tanto as mulheres que não há nenhuma que não a cultive...". Simboliza a felicidade. Na cozinha toscana é usada nos tortelli à moda de Maremma, nos "gnudi" (tipo de nhoque cuja massa é feita com ricota e espinafre) e, em geral, nas receitas que levam ricota.

Nepitella (calaminta)
Também chamada "erva do gato", porque é estimulante para os felinos em geral e para os gatos em particular, é usada em infusões para combater cãibras no estômago e cólicas infantis. Na cozinha, dá sabor a cogumelos, abobrinhas e alcachofras, mas é também ótima no peixe e na salada.

aromáticas
francês

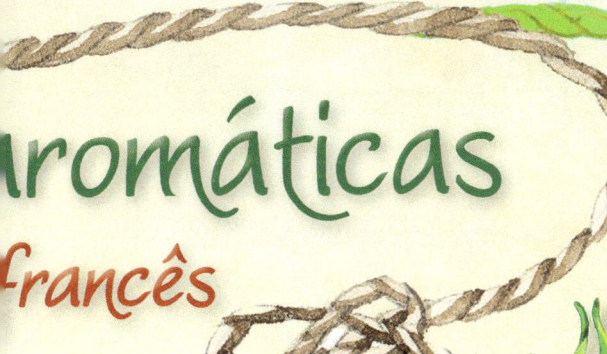

Dragoncello (estragão)

Um dos principais aromas da cozinha senense, era considerado, na Idade Média, quase uma erva mágica: acreditava-se que podia imunizar contra a peste e que fosse um antídoto contra picadas de cobras. Com o tempo, ele perdeu essa fama e passou para a culinária como ótimo aromatizante de molhos e saladas e como substituto eficaz do sal, devido ao seu rico sabor.

É ótimo o vinagre ao estragão, obtido pela maceração de suas folhas.

Finocchio (erva-doce)

A erva-doce é o ingrediente que transforma um salame normal em uma finocchiona e o fígado suíno no delicioso fegatello. Desde a Idade Média era utilizada pelas suas (reais) propriedades de favorecer o fluxo de leite nas mulheres no período pós-parto; também era uma das nove "ervas sagradas", que curavam as grandes doenças. Acreditava-se que ela mantinha afastados os espíritos malignos. Ainda hoje é utilizada para as cólicas, como refrescante do hálito e como digestivo.

Rosmarino (alecrim)

Orvalho do mar – este é o significado do nome em latim: ros, "rugiada" (orvalho), e maris, "mare" (mar).

Na verdade, sobre as folhas verde-escuro que se debruçam nos rochedos de Calafuria, as suas flores azuis parecem respingos de mar. Na antiga Grécia, era queimado para os deuses como incenso e, na Idade Média, acreditava-se que ele mantinha afastados os espíritos malignos. Na cozinha toscana não pode faltar no "batidinho" de temperos (trito del soffritto) para o carneiro e para a carne de caça.

Zuppa lombarda
Sopa lombarda

Prato quente e barato, servido aos mineiros do norte da Itália que em 1800 escavavam as galerias apeninas da ferrovia toscana.

Ingredientes: 1/2kg de feijão branco fresco ou deixado de molho, 4 fatias de pão toscano (ou italiano), 3 dentes de alho, sálvia, queijo pecorino toscano ou parmesão, 2 colheres de sopa de azeite extravirgem, sal, pimenta-do-reino em grãos.

Em uma panela com 1 litro e meio de água salgada, cozinhe os feijões com a sálvia, 2 dentes de alho, a pimenta e o azeite. Esfregue alho nas fatias de pão, disponha uma em cada prato e despeje por cima os feijões com o caldo. Acrescente um pouco de pimenta-do-reino moída e queijo ralado. É um prato leve e saboroso.

Zuppa di centopelli
Sopa de omaso

O omaso, também chamado de saltério, folho ou folhoso, é a terceira divisão do estômago dos ruminantes, localizada entre o barrete e o abomaso.

Ingredientes: 400g de omaso, 40g de bacon, 150g de couve troncha ou repolho, 1 cebola, 1 dente de alho, 1 cenoura, 1 talo de salsão, 2 colheres de molho de tomate, parmesão ralado, azeite extravirgem, sal, pimenta-do-reino.

Doure no azeite a cebola, o alho, a cenoura, o salsão e o bacon picados. Adicione o omaso cortado em tiras, a couve bem picada e o molho de tomate diluído em meio copo de água. Acerte o sal e a pimenta-do-reino e cozinhe por 10 minutos. Acrescente água suficiente e cozinhe com a panela tampada por uma hora. Sirva a sopa quente, polvilhada com o parmesão. Se quiser, adicione feijões cozidos, metade amassados e metade inteiros, porém nunca coloque macarrão.

 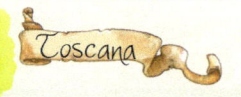

Com a mão na massa

Pici
Massa caseira tipo espaguete grosso

Pici all'aglione
Pici com alho

Os pici são antepassados do espaguete, típicos das montanhas senenses (monte Amiata) e sempre servidos com molhos de sabor marcante.

Ingredientes: 500g de farinha de trigo, 1 ovo, 1 colher de sopa de azeite extravirgem, sal.

Em uma mesa ou balcão, coloque a farinha e faça um furo no centro. Quebre o ovo neste buraco e acrescente pouquíssima água. Com um garfo, bata levemente o ovo e a água. Misture-os bem com a farinha e acrescente água até formar uma massa homogênea. Faça uma bola, cubra a massa e deixe repousar por meia hora. Depois, abra a massa não muito fina, unte-a com um pouco de azeite e corte-a em tiras, que devem ser alongadas para formar espaguetes grosseiros. Estenda os *pici* sobre um pano polvilhado com fubá.

Ingredientes: 400g de pici (ver receita anterior), 4 dentes de alho, 4 tomates maduros, 1 pimenta-malagueta, salsinha, azeite extravirgem, sal.

Esprema o alho e refogue-o no azeite com o fogo baixo até dourar. Acrescente então a malagueta picada (inclusive as sementes) e os tomates picados em cubinhos. Salgue e cozinhe até que o molho fique bem denso. Coe os *pici*, despeje-os sobre o molho e salteie-os ligeiramente, adicionando, com o fogo já apagado, um punhado de salsinha picada.

Risotto alla fiorentina
Risoto à florentina

O arroz, levado à Itália pelos espanhóis, começou a ser consumido em Nápoles, mas foi rapidamente

Pici ao molho de pato

Tire a pele do peito do pato e pique a carne.
Refogue os vegetais e o presunto, acrescente o pato picado,
refogue-o bem e coloque o vinho para evaporar.

Acrescente ao *pici* o purê de tomate e cozinhe por
aproximadamente meia hora. Sirva o prato acompanhado
por um vinho tipo Nobile di Montepulciano.

Ingredientes: 400g de
pici, 1 peito de pato,
½ cebola, 2 cenouras,
2 talos de salsão, 50g
de presunto cru, 400g de
purê de tomate, ½ copo
de vinho tinto.

substituído pela massa. Mesmo o arroz tendo chegado tarde na Itália, no século XIV, o risoto é típico da cozinha italiana. O grande Escoffier definia os risotos como "uma preparação à italiana", dividindo-os em "à milanesa" (com açafrão), à "piemontesa" (com trufas), "à florentina" (com lulas).

Ingredientes: 400g de arroz para risoto, 600g de lula, 1 dente de alho, 1 cebola, 400g de acelga chinesa, 1 pimenta-malagueta, 3 colheres de azeite extravirgem, sal, pimenta.

Limpe as lulas, separando as bolsas de tinta, e corte-as em tirinhas. Refogue no azeite o alho, a malagueta e a cebola cortados bem finos, acrescente as lulas e refogue por aproximadamente 10 minutos. Adicione a acelga, o sal, a pimenta e cozinhe com a panela coberta por 20 minutos.

Coloque então a tinta das lulas, misture bem e acrescente o arroz. Deixe adquirir sabor e cozinhe como um risoto normal, usando água ligeiramente salgada no lugar do caldo.

Gnudi
Bolinho típico das regiões de Siena e de Grosseto

Ingredientes: 500g de ricota de ovelha (ou de vaca), 150g de espinafre (ou acelga chinesa) cozido, 3 ovos, 100g de queijo parmesão ralado, manjerona, manteiga, sálvia, sal, pimenta-do-reino, farinha de trigo para empanar.

Corte o espinafre cozido bem fino, coloque-o em um recipiente com a ricota, o queijo parmesão e misture levemente. Adicione 2 ovos inteiros, 1 clara, sal, pimenta-do-reino e bastante manjerona. Faça bolinhas de 4 a 5cm de diâmetro e passe-as na farinha de trigo espalhada sobre a mesa. Cozinhe-os um pouco por vez em água com sal, contando 2 a 3 minutos a partir da hora que começarem a boiar. Escorra-os e tempere com manteiga e sálvia ou com um molho de tomate ligeiramente líquido e picante.

Tortellacci di marroni
Capeletes grandes com recheio de castanha

As castanhas são a base da alimentação dos montanheses desde a Idade Média. Ainda nos anos 1000, os castanhais frutíferos substituíram os carvalhais nos Apeninos, e a castanheira se transformou em "a árvore do pão". Em Casentino (vale perto de Arezzo), a esposa, brincando, dizia ao marido na hora das refeições: "Queixe-se ou não, o que temos é farinha de castanhas e água". A castanha tipo marrone é típica dos Apeninos tosco-emilianos (entre a Toscana e a Emilia Romagna) e somente a castanha do Vale do Mugello e de Castel del Rio têm o Indicazione Geografica Protetta (Indicação Geográfica Protegida).

Ingredientes:
Para a massa: 300g de farinha de trigo, 3 ovos.
Para o recheio: 200g de polpa de castanhas cozidas, 100g de mortadela, 100g de queijo parmesão ralado, noz-moscada, sal, pimenta-do-reino.

Descasque e retire a membrana das castanhas, esmague-as, acrescente a mortadela picada, o parmesão, a noz-moscada, o sal, a pimenta-do-reino e misture tudo, até obter um purê. Misture a farinha e os ovos, abra a massa não muito fina, forme os tortellacci e recheie. Sirva-os com molho de cogumelos.

Pasta al sugo di magro
Massa com molho magro

Conhecido também como "molho falso", era usado em épocas de "vigília", ou seja, vésperas de festas religiosas (ou de escassez), mas é um molho muito apreciado.

Ingredientes: 350g de massa, 400g de tomate pelado, 1 colher de extrato de tomate, 1 cebola, 1 talo de salsão, 1 maço de salsinha, 2 cenouras, queijo parmesão ralado, 1/2 copo de vinho tinto, azeite extravirgem, sal, pimenta-do-reino.

Pique e refogue a cebola, o salsão, a salsinha e as cenouras. Quando estiverem bem refogados, adicione o vinho, espere evaporar e acrescente os tomates pelados e o extrato de tomate diluído em meio copo de água.

Coloque o sal, a pimenta e continue cozinhando até apurar bem. Coe o molho, junte a massa, salteie por dois minutos e sirva com parmesão.

Polenta alla senese
Polenta à senense

Trata-se de uma polenta para os dias de festa, que já foi servida como primeiro prato, mas que atualmente é um consistente prato único.

Ingredientes:
Para a polenta: 500g de fubá, 4 linguiças de porco, 100g de manteiga, 4 fatias de pão toscano (ou italiano), 100g de queijo parmesão ralado, sal.
Para o molho de carne: 400g de carne de porco moída, 1/2 cebola, 1 dente de alho, 1 cenoura, 1 talo de salsão, 1 maço de salsinha, 400g de tomates pelados, 1/2 copo de vinho tinto, 1 pimenta-malagueta, azeite extravirgem, sal.
Para o molho de cogumelos: 20g de cogumelo porcini seco, 1 copo de purê (passata) de tomate, 1 fatia de bacon, 1 dente de alho, 1 maço de salsinha, azeite extravirgem, sal, pimenta-do-reino.

Prepare o molho de carne refogando os temperos, a cenoura e a carne de porco. Acrescente o vinho, espere evaporar, adicione o sal e os tomates e deixe apurar.

Prepare o segundo molho: coloque os cogumelos de molho em água quente, (não ferva) retire-os sem escorrer (reserve a água) e corte-os. Refogue-os em uma frigideira com a salsinha, o alho e o bacon picados. Deixe cozinhar até que o líquido evapore, adicione o purê de tomate, o sal e a pimenta e acrescente aos poucos a água reservada.

Para a polenta, ferva 2 litros de água com sal, coloque o fubá devagar e cozinhe-o por 45 minutos, mexendo sempre. Enquanto isso, tire a pele das linguiças,

desmanche-as e doure-as em uma frigideira. Retire as linguiças e, na mesma frigideira, derreta 15g de manteiga e toste o pão cortado em cubinhos pequenos. Volte as linguiças para a frigideira e acrescente o parmesão. Essa mistura deve ser colocada na polenta 5 minutos antes do término do cozimento.

Sirva a polenta mole, com os dois molhos e o parmesão à parte, de modo que os comensais possam degustar com preferirem.

Crespelle alla fiorentina
Crepes à florentina

Até o início do século passado, eram chamados de crespelle *grandes raviolis fritos, com recheio doce ou salgado. Depois, talvez por harmonia de som com o francês* crêpes, *essas fritadinhas recheadas começaram a também ser chamadas de* crespelle.

Ingredientes: 200g de ricota, 400g de espinafre cozido, 120g de farinha de trigo, 50g de manteiga, 3 ovos, 1 copo de leite, 1/2 litro de bechamel (molho branco), 3 colheres de sopa de molho de tomate, parmesão ralado, noz-moscada, sal, pimenta.

Prepare 8 fritadinhas misturando a farinha, 2 ovos, o leite, a manteiga derretida e uma pitada de sal. Deixe repousar por uma hora.

Unte uma frigideira de cerca 20cm de diâmetro, despeje duas colheres por vez da massa, para formar as fritadinhas, e frite de ambos os lados. Prepare o recheio: misture ao espinafre picado um ovo, a ricota, o parmesão, sal, pimenta e um pouco de noz-moscada. Cubra as fritadinhas com o recheio e enrole-as. Coloque-as lado a lado em um pirex untado com manteiga, cubra-as com o bechamel, bastante parmesão e um toque de molho de tomate. Gratine-as por 15 minutos no forno a 150°C e sirva-as quentes.

Tortelli di patate
Capeletes de batata

Esta é uma receita do Vale do Mugello.

Ingredientes: 1/2kg de batata vermelha, 400g de farinha de trigo, 4 ovos, 1 tomate pequeno maduro, 2 dentes de alho, salsinha, queijo parmesão ralado, manteiga, 4-5 colheres de azeite extravirgem, noz-moscada, sal, pimenta-do-reino.

Doure o alho no azeite com bastante salsinha, adicione o tomate sem pele e deixe cozinhar. Acrescente as batatas, cozidas e amassadas com o garfo, 2 colheres de parmesão, manteiga, sal, pimenta-do-reino e noz-moscada.

Prepare a massa misturando a farinha de trigo, os ovos, uma pitada de sal e um pouco de água. Corte-a em discos de aproximadamente 6cm e coloque em cada disco uma colher de chá cheia de recheio e feche-o em forma de meia lua, amassando as bordas com um garfo.

Cozinhe os capeletes por 3-4 minutos, escorra, tempere com um bom molho de carne mista de porco e vaca e polvilhe com parmesão.

Tortelli di zucca e patate
Capeletes de abóbora e batata

Este prato, muito difundido no vale de Bisenzio à época dos lenhadores e colhedores de castanhas, reapareceu em algumas cantinas da zona de Florença atentas à recuperação das antigas receitas.

Ingredientes: 1/2kg de batata, 250g de abóbora, 1 maço de salsinha, parmesão ralado, noz-moscada, sal, pimenta-do-reino.

Cozinhe e amasse as batatas, passando-as no espremedor e adicionando um pouco de

salsinha. Cozinhe a abóbora al dente, amasse-a no mixer (ou no processador) e misture-a com as batatas, acrescentando sal, pimenta-do-reino, um pouco de noz-moscada e bastante parmesão.

Prepare a massa misturando a farinha de trigo, os ovos, uma pitada de sal e um pouco de água. Corte-a em discos de 6cm. Coloque em cada disco uma colher de chá do recheio e feche-o em forma de meia lua, amassando as bordas com um garfo.

Cozinhe em água fervente e sirva com molho de carne picante.

Tortelli di castagne
Capeletes de castanhas

Ingredientes:
Para a massa: 230g de farinha de trigo, 100g de farinha de castanha, 2 ovos, sal.
Para o recheio: 600g de castanha portuguesa, 200g de ricota, 1 ovo, 6 colheres de parmesão ralado, sal, pimenta-do-reino.
Para o molho: algumas nozes, ale-

crim, 80g de queijo pecorino toscano curado, 4-5 colheres de azeite extravirgem, pimenta-do-reino.

Misture as farinhas e prepare a massa adicionando ovos, sal e água. Quando a massa estiver lisa e firme, deixe descansar por meia hora.

Prepare o recheio: cozinhe as castanhas em água salgada, descasque-as e passe-as no espremedor de batatas. Acrescente a ricota, o ovo, o parmesão e a pimenta-do-reino. Divida a massa em duas partes e abra-as com espessura fina. Distribua o recheio de nozes em uma distância regular sobre uma das metades da massa. Pincele água em volta do recheio, cubra com a segunda metade da massa e aperte com os dedos. Corte quadrados e cozinhe-os em água fervente com sal.

Misture um punhado de nozes picadas com alecrim e queijo pecorino (melhor seria esmagá-los no pilão), dilua tudo com azeite extravirgem e 4 colheres de água do cozimento dos *tortelli*. Coloque bastante pimenta do reino e tempere os *tortelli* bem quentes.

Risotto sui colombacci
Risoto com pombo torcaz

Nas imediações de Siena, em uma localidade chamada il Doccio, há muito tempo se cultiva o arroz, confirmando a simpatia dos senenses por este alimento. Além disso, a caça ao torcaz (colombaccio) é tradicional nessa região, o que explica a popularidade da receita.

Ingredientes: 400g de arroz, 1 pombo torcaz, 1 cebola, 1 talo de salsão, 1 cenoura, alecrim, sálvia, 1 litro de caldo, 1 copo de vinho branco, 1 colher de extrato de tomate, queijo parmesão ralado, manteiga, azeite extravirgem, sal, pimenta-do-reino.

Refogue a cebola, o salsão, a cenoura, o alecrim e a sálvia, bem picados, em um pouco de azeite. Acrescente o extrato de tomate e o pombo e refogue muito bem. Coloque o pombo sobre um prato (para não perder os líquidos) e desosse-o o melhor possível, picando a carne e os miúdos e devolvendo-os à frigideira do refogado. Adicione o vinho, deixe evaporar e ponha o arroz até pegar sabor. Junte o extrato de tomate dissolvido em meio copo de água morna, o sal, a pimenta e um pouco de caldo. Cozinhe com o caldo restante, acrescente 1 colher de manteiga com o fogo já apagado e sirva com bastante queijo parmesão.

Risotto al dragoncello
Risoto com estragão

Até os anos 1970, o estragão era praticamente desconhecido fora de Siena - tanto que, nos cardápios dos restaurantes da Itália, um prato que levasse estragão era indicado como "à senense". Muito utilizado na cozinha francesa, ele provavelmente entrou na senense por volta de 1500, pelas estreitas ligações mantidas entre a República de Siena com a França. A influência não foi apenas culinária; algumas palavras como citto e cittino, (rapaz e menino) têm raiz no francês arcaico.

Ingredientes: 500g de arroz, 2 dentes
de alho, 100g de bacon, 2 bolas
de muçarela, salsinha, manjericão,
estragão, parmesão ralado, ovos,
creme de leite fresco, manteiga, caldo,
vinho branco, azeite extravirgem, sal,
pimenta-do-reino.

Refogue o alho e o bacon em pedaços em pouco azeite, coloque um punhado (o dobro do volume de bacon) de manjericão e de salsinha picados e deixe murchar. Adicione o arroz e frite-o. Acrescente o vinho e, quando tiver evaporado, junte o caldo pouco a pouco. No final do cozimento, com o arroz ainda úmido, tire do fogo, acrescente 1 colher de manteiga e o creme de leite e ponha a panela em um recipiente com água gelada.

Bata os ovos com bastante estragão picado, sal e pimenta-do-reino e adicione ao arroz (agora momo). Unte um pirex e alterne camadas de arroz e de muçarela fatiada, finalizando com o parmesão. Leve ao forno a 200°C até que aqueça novamente (se secar muito acrescente um pouco de leite).

A receita antiga terminava com a adição do ovo batido com estragão, mas a versão moderna, gratinada com muçarela, é muito apreciada.

Riso nero
Arroz preto

Antiga receita citada
em um texto do século
XIV de um anônimo Libro
de la cocina sob o nome de "Del
nero de la sepia".

Ingredientes: 600g de lula, 400g de
arroz, 2 dentes de alho, 1 pimenta-
-malagueta, 1 copo de vinho branco,
1 tomate pelado, parmesão ralado,
caldo, azeite extravirgem, sal.

Em uma caçarola, aromatize o azeite com o alho e a pimenta-malagueta. Limpe e corte as lulas, que devem ser frescas, em pedacinhos (reserve as bolsas de tinta). Coloque a lula em pedaços na caçarola, refogue bem e acrescente o arroz. Deixe pegar sabor, coloque o vinho e espere

evaporar. Cozinhe o arroz, adicionando o caldo aos poucos. Depois de 15 minutos de cozimento, ponha a tinta das lulas e mexa bastante. Alguns minutos antes de tirar do fogo, coloque o tomate pelado em pedacinhos. Sirva polvilhado com o parmesão.

Risotto alle tinche
Risoto com tencas

Ingredientes: 2kg de arroz, 500g de tenca, 2 dentes de alho, 200g de ervilhas descascadas, molho de tomate, 1 talo de salsão, 1 cebola, 1 cenoura, salsinha, manjericão, azeite extravirgem, sal, pimenta-do-reino.

Limpe as tencas, eliminando as entranhas e as escamas, e corte-as em pedaços de 5-6cm. Em uma frigideira, refogue o alho e uma mistura feita com os temperos no azeite, depois acrescente as tencas, o sal e a pimenta-do-reino. Quando estiver bem dourado, coloque o molho de tomate dissolvido em um pouco de água e deixe ferver até virar uma

papa. Passe a mistura obtida na peneira e leve ao fogo novamente para ferver. Adicione então o arroz e deixe cozinhar, acrescentando, se necessário, mais um pouco de água. À parte, salteie as ervilhas no azeite com um pouco de cebola picada e a água necessária, aos poucos. Cinco minutos antes do final do cozimento do arroz, apague o fogo e junte as ervilhas, misturando tudo com um pouco de manteiga.

Pasta alla poderana
Massa à camponesa

Outro prato primaveril, com alcachofras roxas e favas de vagem, as baccelli (favas frescas na vagem, pequenas e tenras). Uma variante interessante e, na nossa opinião, melhorada, não leva tomates e acrescenta ao molho, já na travessa na qual será servida a massa, uma gema de ovo batida com 2 colheres de parmesão.

Ingredientes: 350g de talharim,
4 alcachofras roxas, 50g de fava
sem casca, 50g de bacon, 1 linguiça,
1 dente de alho, 1 cebola, salsinha,
parmesão ralado, 2 colheres de molho
de tomate, azeite extravirgem, sal,
pimenta-do-reino.

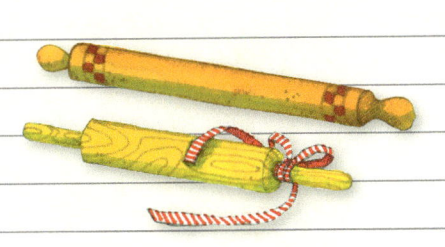

Retire as folhas externas mais duras
das alcachofras e a ponta de cima,
corte-as em pedaços e pique junto
com uma cebola pequena, salsinha,
alho, bacon e linguiça.

Refogue este batido com sal e
pimenta no azeite, acrescente as favas
e cozinhe por meia hora.

Acrescente o molho de tomate
dissolvido em 1 copo de água quente
e deixe engrossar o molho em fogo
baixo. Coloque sobre o talharim e
sirva com parmesão.

Pappardelle sulla lepre
Pappardelle com lebre

"...eu vos presenteio com carne de
caça / cervos, corços e javalis..."
Assim, com imagens dignas do seu
nome "esplendoroso", Folgore de San
Gimignano louvava não somente
banquetes e torneios, cavalgadas e
amores da corte, mas também a nobre arte da caça: "... voltar para casa
e dizer ao cozinheiro / tome essas
coisas e as prepare para
amanhã / despele-as, corte-as,
arrume-as e coloque-as no fogo..."
A receita de pappardelle na lebre é
tipicamente toscana e, portanto, cada
um a prepara como quer. Propomos
a versão mais saborosa e original,
embora seja a menos conhecida, feita
somente por quem tem um parente ou
um amigo caçador.
Ao preparar as vísceras para o cozimento, costuma-se deixar o coração
inteiro, para ser dividido entre os

comensais que participaram da caça - evidente memória de antigos rituais de bom augúrio. Na falta de sangue e vísceras, aumente 100g da carne de lebre, complete com um batido de salsão e cenoura e substitua os 4 tomates por 800g de tomates pelados.

Ingredientes: 400g de pappardelle, 400g de polpa da carne de lebre, 1 conjunto de vísceras, 1 copo de sangue de lebre, 1 dente de alho, 1 cebola, 1 maço de salsinha, 4 tomates maduros, 1 limão, queijo parmesão ralado, 1 copo de vinho Chianti envelhecido, azeite extravirgem, sal, pimenta-do-reino.

Pique a polpa da carne de lebre e a adicione a um refogado de azeite, alho, cebola e salsinha. Deixe dourar bem, coloque sal e pimenta e junte o vinho. Quando ele evaporar, acrescente as vísceras cortadas em pedacinhos, dois pedaços de casca de limão e deixe-as dourar também. Ponha os tomates sem pele e picados e deixe ferver até o molho engrossar. Um pouco antes de tirar do fogo, acrescente o sangue de lebre, misturando tudo. Coloque o molho sobre o *pappardelle*, salpique o parmesão e sirva com um vinho Chianti do mesmo ano do que foi usado no cozimento.

Carabaccia
Sopa de cebola florentina

O nome deriva do grego karabos, "barco em forma de casca", que lembra a forma de uma sopeira. Em 1500 já era descrita nos livros de cozinha com o nome carabazada, e parece que era um dos pratos favoritos do vegetariano Leonardo da Vinci. Na receita original, além dos ingredientes descritos abaixo, também eram usados agraço, amêndoas sem pele e esmagadas, canela e uma pitada de açúcar.

Ingredientes: 8 cebolas, 3 talos de salsão, 2 cenouras, pão toscano (ou italiano), parmesão ralado, ovos, 1/2 copo de azeite extravirgem, sal, pimenta em grãos.

Coloque em uma frigideira, se possível de cerâmica, as cebolas cortadas em fatias, o salsão e as cenouras em pedacinhos, com azeite, sal e pimenta. Deixe cozinhar por cerca de 1 hora, tampado, mexendo bastante e acrescentando água somente se necessário (as cebolas soltam bastante água). Coloque em cada prato algumas fatias de pão tostado, despeje a sopa fervendo, adicione para cada comensal um ovo pochê cozido à parte, um punhado de pimenta em grãos e polvilhe com parmesão ralado.

Carcerato
Encarcerado

Citamos esta sopa principalmente como memória histórica da cozinha tradicional de Pistoia. Ela nasceu de fato nessa cidade, no cárcere (daí o nome) de Santa Caterina in Brana; ao lado do cárcere, ficavam os matadouros municipais e, ao lado de ambos, corria o rio Brana, onde eram jogadas as vísceras dos animais mortos. Os prisioneiros, vendo passar aquela abundância de comida, conseguiram que as vísceras lhes fossem doadas e, acrescentando a elas o pão e a água que recebiam, podiam comer algo mais substancioso. Esta sopa, enriquecida com temperos, azeite e queijo ralado, era, até algumas décadas atrás, vendida em Pistoia em lugares especializados. A seguir uma receita adaptada.

Ingredientes: 250g do "quarto corte" (carne de quarta categoria) de vitela (pata, rabo, cabeça etc), 1 cebola, 1 cenoura, 1 talo de salsão, tomates pequenos, queijo pecorino ou parmesão ralado, pão amanhecido, azeite extravirgem toscano, sal, pimenta em grãos.

Com 1 litro e meio de água, prepare um caldo com as carnes e todos os vegetais. Deixe ferver bastante, desengordure (esperando a sopa esfriar e retirando a gordura que se acumula na superfície) e filtre. Disponha as fatias de pão no fundo de uma caçarola de cerâmica, cubra-as com o caldo, acrescente sal e pimenta e cozinhe lentamente, mexendo até obter uma

mistura homogênea. Regue com um fio de azeite, aromatize com um punhado de pimenta em grãos e sirva com bastante queijo pecorino ralado.

Penne con le arselle
Penne com mexilhões

As minas de ferro da Ilha de Elba proporcionaram a prosperidade dos Etruscos. Da mesma ilha nos chega este prato com intenso, mas delicado, sabor marítimo.

Ingredientes: 400g de penne, 1kg de mexilhão, 500g de tomate pelado, 1 cebola, 1 dente de alho, salsinha, gengibre, 1/2 copo de vinho branco, sal, pimenta-do-reino.

Lave bem os mexilhões e leve 700g deles ao fogo em uma frigideira grande, com um pouco de água. Quando os mexilhões abrirem, retire-os e guarde o líquido do cozimento. Retire os mexilhões da concha e pique-os. Refogue a cebola picada, adicione os mexilhões e o vinho e deixe evapo-

rar. Acrescente os tomates picados, o gengibre, o alho e a salsinha. Coloque o líquido reservado bem coado. Com o molho quase pronto, junte o resto dos mexilhões que ficaram na concha, para que se abram. Cozinhe o penne al dente, escorra-o e misture-o ao molho ainda na frigideira.

Pici con le briciole
Pici com pão

Este prato, muito difundido ao sul da região de Siena, é reivindicado por Buonconvento, encantador vilarejo medieval. Perto de Buonconvento morreu o imperador Arrigo VII, citado por Dante Alighieri na "Divina Comédia", que parece ter sido envenenado com uma hóstia por um sacerdote, sob as ordens da República de Siena.

Ingredientes: 500g de pici, (receita na p. 36), 300g de miolo de pão toscano (ou italiano), 2 dentes de alho, queijo pecorino curado, 1 pimenta-malagueta, azeite extravirgem, sal.

Doure o alho inteiro e a pimenta no azeite, acrescente o miolo do pão esmigalhado e deixe ficar crocante. Cozinhe os *pici* em bastante água salgada, com um fio de azeite para que não grudem. Escorra-os e jogue-os na panela com as migalhas. Misture e sirva com bastante queijo pecorino. Uma variante consiste em desmanchar, no azeite já aromatizado com o alho, 4 ou 5 filezinhos de anchovas e polvilhar salsinha sobre a massa.

Misture as farinhas secas com água morna até obter uma massa compacta. Abra a massa não muito fina, corte-a em retângulos de 6 × 3cm e enfarinhe-os para evitar que grudem. Cozinhe-os em água fervente, salgada e com um fio de azeite por cerca de 15 minutos, em fogo baixo. Escorra e tempere com azeite (segundo a receita original, azeite de Lunigiana ou Lucchesia) e queijo pecorino ralado.

Gnocchi mesci
Nhoque com farinha de castanhas

Prato típico da Lunigiana, região do noroeste da Toscana que deve o seu nome à cidade romana de Luni, uma cidade tão próspera que foi saqueada pelos vikings do rei Hasting, convencidos de que se tratava de Roma.

Ingredientes: 600g de farinha de trigo, 400g de farinha de castanha, queijo pecorino, azeite extravirgem, sal.

Tagliatelle di Novagigola
Talharim de Novagigola

Novagigola é a antiga cidade feudal dos poderosos marqueses Malaspina.

Ingredientes: 250g de farinha de trigo, 250g de farinha de castanhas, 50g de toicinho, 2 alhos-poró, 2 ovos, queijo pecorino ralado, 4 colheres de azeite extravirgem, sal.

Misture as farinhas com 3 copos de água morna, os ovos, 2 colheres de sopa de azeite e sal. Abra a massa,

deixe-a descansar e depois corte-a em tiras finas. Refogue o toicinho picado por 5 minutos, com azeite e o alho-poró cortado fino. Cozinhe a massa, escorra-a e sirva com o molho e o queijo ralado.

Polenta incatenata alla Lunigianese
Polenta à moda de Lunigiana

Ingredientes: 250g de feijão borlotti, 300g de fubá, 500g de couve preta (cavolo nero, ver nota na p. 13) ou acelga chinesa, queijo parmesão ralado, azeite extravirgem, sal.

Ferva por 10 minutos os feijões que já ficaram de molho, acrescente um copo de azeite, a couve ou a acelga picadas e deixe cozinhar por mais meia hora. Prove o sal, coloque o fubá sem deixar formar grumos e cozinhe por cerca de 1 hora. Despeje a polenta mole nos pratos e polvilhe bastante parmesão ralado. Se sobrar, faça *frittini*: espalhe-a em uma forma, deixe esfriar, corte em cubinhos e frite-os em óleo.

Polenti bigliolesi
Polenta do vilarejo de Bigliolo

Prato típico dos Alpes Apuanos.

Ingredientes: 500g de fubá, 200g de feijão, 300g de couve preta (cavolo nero, ver nota na p. 13) ou acelga chinesa, 200g de repolho, salsão, 1 cebola, 1 cenoura, 1 abobrinha, manjericão, salsinha, sálvia, alecrim, 1 dente de alho, 1 copo de azeite extravirgem, sal, pimenta-do-reino.

Pique bem a cebola, o alho, o manjericão, a sálvia, o alecrim e a salsinha e coloque tudo em uma panela com os feijões, 6 litros de água e um pouco de sal. Depois de 10 minutos, acrescente a couve ou a acelga, o repolho, o salsão, a cenoura, a abobrinha, o azeite e cozinhe por 1 hora e meia, provando o sal e a pimenta. Adicione o fubá e cozinhe lentamente por cerca de 1 hora, até obter uma polenta bem mole. Espalhe-a em uma assadeira e tempere com molho (de cogumelos ou de carne) ou com azeite e parmesão. Se sobrar, pode ser frita obtendo-se os saborosos *polenti*.

Pratos renomados

para camponeses e príncipes

Bistecca alla Fiorentina

A palavra bisteca deriva de beef steak, *como este corte de carne era chamado pela colônia inglesa que se estabeleceu em Florença por volta de 1800.*

Ingredientes: 1 filé bovino com osso de 600-800g, sal, pimenta-do-reino.

Para fazer uma boa bisteca à florentina, é necessário adquirir um filé bovino da raça Chianina (ou da raça Maremmana) com osso na forma de T, que separe o filé do contra-filé. Deve ser maturada, pesar 600-800g e ter cerca de 3cm de espessura. Dedique-se à sua cocção. Aqueça a lenha com carvão de oliveira ou carvalho (nunca use chapas, pedras vulcânicas, carvão, gás etc.). Coloque a grelha bem perto da brasa por 30 segundos, para selar os sucos da carne no interior da bisteca. Continue a cocção em fogo mais brando, levantando a grelha a 20cm da brasa, por 5 minutos de cada lado, girando-a uma só vez e salgando levemente a parte cozida depois da cocção terminada (coloque pimenta-do-reino, se quiser).

A carne deve ficar dourada por fora, mas vermelha e suculenta por dentro. Sirva ainda muito quente, acompanhada de um vinho Chianti jovem.

Acompanhamentos sugeridos: salada de folhas verdes com azeite e vinagre, feijões brancos cozidos, chapéus de cogumelos frescos grelhados, mas nunca batatas.

Cibreo
Sopa de miúdos de frango

Célebre por ter sido o preferido da rainha da França Caterina de Medici, é um prato de miúdos simples e delicioso.

Ingredientes: fígados e corações de frango, cristas e testículos de galo, 1 cebola, sálvia, noz-moscada, limão, ovos, vinho branco seco, caldo, azeite, sal, pimenta-do-reino em grãos.

Doure no azeite a cebola com algumas folhas de sálvia e, quando

murcharem, acrescente as cristas e depois os corações, os fígados em pedaços e os testículos. Salgue, coloque a pimenta em grãos e aromatize com um pouco de noz-moscada. Deixe o vinho evaporar, continue o cozimento com o caldo quente e, por fim, coloque as gemas de ovo batidas com um pouco de suco de limão. Sirva em uma travessa aquecida e complete com pimenta-do-reino moída.

Lampredotto
Abomaso cozido

As praças de Florença estão repletas de bancas que vendem, entre outras comidas, a que talvez, mais do que a bisteca à florentina, seja o prato típico da cidade: o lampredotto. Um clássico das ruas, uma das bancas leva a inscrição "Casa fundada em 1886".

Ingredientes: abomaso, 1 tomate, 1 cebola, 1 cenoura, salsinha, 1 batata, 1 pão italiano, sal, pimenta-do-reino.

O abomaso é a parte mais compacta e magra do estômago bovino. Coloque-o fatiado em tirinhas para ferver com os vegetais. Enquanto isso, corte em dois um pãozinho italiano bem crocante, tire a maior parte do miolo e banhe-o ligeiramente no caldo do cozimento. Tempere com sal e pimenta-do-reino (ou molho verde*) e recheie o pãozinho. É muito gostoso, mas para apreciá-lo de verdade, é preciso comprar o sanduíche em uma das bancas nas ruas e comê-lo sob o sol de Florença.

*Para fazer o molho verde, bata 150g de salsinha fresca, 4 alcaparras dessalgadas, 5 filés de aliche no óleo, 2 dentes de alho, 1 colherzinha de vinagre, o miolo de uma fatia de pão amanhecido, azeite, sal, pimenta-do-reino. (N.T.)

Trippa alla senese
Tripa à senense

Ingredientes: 1kg de barriga, retículo e omaso de boi, 400g de fígado de frango, 2 cebolas roxas, 2 cenouras,

1 talo de salsão, 1/2kg de tomate pelado, queijo parmesão ralado, azeite extravirgem, sal, pimenta-do-reino.

Siga a receita da tripa à florentina (p. 57), adicionando, antes dos tomates pelados, os fígados de frango em pedaços, já refogados por cerca de 5 minutos. Sirva com parmesão.

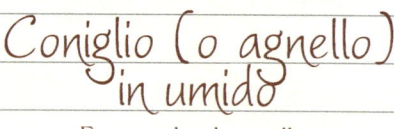

Coniglio (o agnello) in umido
Ensopado de coelho

Ingredientes: 1 coelho, 3-4 dentes de alho, 1 copo de purê de tomate, 1/2 copo de vinho tinto, sálvia, alecrim, azeite extravirgem, sal, pimenta-do-reino.

Corte o coelho (ou carneiro) em pedaços pequenos e refogue-o em uma panela sem nada, até soltar todos os líquidos (que devem ser desprezados). Pique o alho, a sálvia e o alecrim, adicione azeite, sal e pimenta-do-reino e tempere a carne, deixando-a descansar por meia hora. Coloque o vinho, deixe

evaporar, acrescente o purê de tomate e cozinhe em fogo lento até que o molho fique escuro e bem reduzido. Sirva com um vinho Chianti jovem.

Fegatelli di maiale
Fígados de porco

Receita antiga, descrita detalhadamente no poema quinhentista "Il Morgante" de Luigi Pulci, que quer um fígado redondo e pequeno, "envolto em muitas rendinhas"*, não muito cozido e muito quente.

* Ele se refere ao redanho (ou omento), gordura em forma de véu da barriga de porco. (N.T.)

Ingredientes: 800g de fígado de porco, redanho de porco, sementes de erva-doce, farinha de rosca, azeite extravirgem, sal, pimenta-do-reino.

Corte o fígado em pedaços não muito grandes, coloque-o em uma tigela com dois punhados de farinha de rosca e um punhado de sementes de erva-doce, sal e pimenta-do-reino. Misture bem e envolva os pedaços com bastante

Tripa à florentina

Ingredientes: 1kg de barriga, retículo e omaso de boi (dobradinha), 2 cebolas roxas, 2 cenouras, 1 talo de salsão, ½kg de tomate pelado, queijo parmesão ralado, azeite extravirgem, sal, pimenta-do-reino.

Lave bem a carne e corte-a em tirinhas. Refogue os vegetais (se quiser, acrescente uma fatia de bacon picado), adicione as carnes e cozinhe por cerca de meia hora, mexendo sempre.

Acrescente os tomates pelados, coloque sal e pimenta-do-reino e continue o cozimento até que o molho fique reduzido. Sirva quente com bastante parmesão.

redanho, fechando cada um com um ramo de erva-doce ou palito. Asse em forno bem quente ou cozinhe em uma panela coberta com azeite (ou banha) por cerca de 20 minutos (eles devem ficar macios "... como um figo que se desmancha ao ser mordido..."). Sirva--os bem quentes.

Esta é a versão senense; à florentina, o fígado é picado e se acrescenta algumas folhas de louro.

Fagioli all'uccelletto
Feijões com passarinho

Não se sabe o porquê do nome, uma vez que de pássaro não tem nem sombra. Segundo Artusi, gastrônomo e escritor italiano, o prato foi assim chamado por utilizar os mesmos tem- peros do assado de passarinhos.

Ingredientes: 500g de feijões brancos, 1 raminho de sálvia, 2 dentes de alho, 1 pimenta-malagueta, 500 g de tomate pelado, sal grosso e fino.

Deixe os feijões brancos de molho por 12 horas e depois cozinhe-os com um dente de alho e duas folhas de sálvia. Quando estiverem quase cozidos, salgue com uma pitada de sal grosso. Enquanto isso, em uma frigideira alta com pouco azeite, refogue um dente de alho, o raminho de sálvia e a pimenta. Acrescente os tomates pelados, salgue e deixe reduzir. Adicione os feijões coados e ferva por mais 5 minutos. Sirva quente.

Uma variante, que pode ser um prato único, consiste em refogar 4 linguiças à parte e adiciná-las aos feijões, junto aos tomates pelados. Podem ser servidos também como entrada sobre fatias de pão ligeiramente tostadas com rodelas finas de linguiça assada.

Gobbi strapazzati
Alcachofras-bravas mexidas

Os gobbi (corcundas) são cultivados nas regiões de Siena e no Monferrato. São alcachofras-bravas envolvidas em palha ou papel, dobradas e enterradas até depois das primeiras geadas de inverno. Ficam mais brancas, crocan- tes e com sabor delicado.

Ingredientes: alcachofras-bravas, 5 ovos, 400g de purê de tomate, 2 dentes de alho, 1 pimenta-malagueta, farinha de trigo, azeite extravirgem, sal.

Retire os fios das alcachofras-bravas usando uma faquinha, corte-as em pedaços de 6-8cm e cozinhe-as em água fervente salgada até que estejam macias. Deixe esfriar, passe--as na farinha de trigo e frite-as com pouco azeite. Escorra bem. Refogue o alho e a pimenta e adicione o purê de tomate e uma pitada de sal. Ferva por 10 minutos e acrescente as alcachofras e cozinhe por mais 10 minutos, até o molho reduzir. Bata os ovos com um pouco de sal e despeje-os sobre as alcachofras, mexendo delicadamente. Sirva assim que os ovos estiverem firmes.

Arista
Carré de lombo de porco

Arista é o lombo de porco com osso, assado inteiro. Seu nome deriva do comentário admirado e embevecido feito pelos representantes bizantinos que participaram do Concílio de Florença, em 1400: "Ariston!" (ótimo!)

Ingredientes: 1,2kg de lombo de porco com as costelinhas, 2-3 dentes de alho, 1 raminho de alecrim, 3-4 folhas de sálvia, 1 copo de vinho branco, 15g de manteiga, azeite extravirgem, sal, pimenta-do-reino.

Pique bastante sálvia, alecrim e alho, adicione sal e pimenta-do-reino, misture tudo e divida em duas partes. Acrescente manteiga a uma das partes e use-a para lambuzar o lombo em dois ou três furos feitos em seu comprimento. Para furar a carne, utilize o utensílio correto ou uma agulha de tricô grossa. Espalhe a mistura que sobrou na parte externa do lombo, coloque-o em uma assadeira e adicione água, vinho e 2-3 colheres de sopa de azeite borrifados. Leve ao forno preaquecido a 180ºC por cerca de 2 horas e meia, girando algumas vezes para que doure por igual. Para acompanhar, faça batatas douradas na panela com alho e ale-

crim (junte-as ao lombo nos últimos 10 minutos de cozimento) e uma salada.

Cinghiale alla maremmana
Javali à moda de Maremma

O javali maremmano, conhecido como scrio, menor e mais rosado do que o atual, foi extinto na metade do século passado. Permaneceu, porém, na região de Maremma, a tradição do seu uso na cozinha e na fabricação de linguiças suínas.

Ingredientes: javali, 1 cebola, 1 dente de alho, 1 talo de salsão, 1 cenoura, alecrim, 1 limão, 1 pimenta- -malagueta, tomates pelados, vinho tinto, azeite extravirgem, sal.

Doure, em um pouco de azeite, uma parte da cebola picada, um pouco de alho, o salsão, a cenoura, o alecrim e um pedaço da casca do limão, sem a parte branca. Coloque esse refogado sobre o javali cortado em pedaços e cubra tudo com um bom vinho tinto.

Depois de uma noite nesta mistura, escorra a carne e seque-a com um pano. Reserve o molho.

Refogue a pimenta-malagueta e o restante da cebola e do alho com um pouco de sal. Doure o javali, acrescente o molho reservado e cozinhe até evaporar. Acrescente os tomates pelados e cozinhe por mais uma hora em fogo baixo. Sirva quente com um vinho Chianti di Fonterutoli.

Pecora in umido
Ensopado de ovelha

Ingredientes: 800g de carne de ovelha, 500g de tomate pelado, 1 dente de alho, 1 talo de salsão, caldo, vinho tinto, vinagre, azeite extravirgem, sal, pimenta-do-reino.

Tire a gordura dos pedaços de ovelha e deixe-os de molho em água e vinagre por uma noite inteira. Drene os líquidos aquecendo a carne em uma frigideira com um pouco de sal. Pique um pedaço de carne junto com os temperos e refogue. Adicione o restante

da carne e o vinho e doure bem para que o vinho evapore. Adicione os tomates, salgue, coloque pimenta-do--reino e continue o cozimento na frigideira tampada por cerca de 2 horas, até que a carne fique extremamente macia. Sirva o prato quente acompanhado de um vinho Chianti clássico.

sopa de pimenta-do-reino moída na hora. Junte o vinho e um pouco de água quente. Cozinhe em fogo baixo por cerca de 3 horas, mexendo e adicionando água quente se necessário. O resultado final deve ser uma carne muito macia. Sirva com um vinho Chianti de Greve.

Peposo dell'Impruneta
Apimentado de Impruneta

Diz-se que era o prato preparado pelos fornalheiros na mesma fornalha em que produziam a famosa cerâmica de Impruneta.

Ingredientes: 700g de carne de vaca magra, 5 dentes de alho, 1 cebola, 150g de tomate pelado, 1 copo de vinho tinto, azeite extravirgem, sal, pimenta-do-reino em grãos.

Doure a carne cortada em pedaços no azeite, alho e cebola. Acrescente os tomates, o sal e uma colher de

Collo di papero ripieno
Pescoço de pato recheado

Prato da época do debulhamento, servido com bolliti (carnes cozidas) ou com pepinos e pimentas em conserva no vinagre, como entrada fria, junto aos crostini neri e di milza.

Ingredientes: 1 pescoço de pato com a cabeça, 1 fígado de pato, fígados de frango, ovos, queijo parmesão ralado, farinha de rosca, salsinha, caldo de frango, sal, pimenta-do-reino.

Limpe e chamusque sobre uma chama o pescoço do pato, já sem o osso da cabeça, extraído pelo açougueiro.

Amarre o bico com um barbante e recheie o pescoço com uma mistura dos ovos, fígados, salsinha picada, farinha de rosca, queijo parmesão, sal e pimenta-do-reino. Costure a extremidade do pescoço e cozinhe em caldo abundante. Sirva frio, em fatias, com verduras cozidas e conservas.

Agnellino co' piselli alla fiorentina

Cordeirinho com ervilhas à florentina

Na Toscana, é o prato da Páscoa por excelência. Seus ingredientes, cordeiro e ervilhas, são o que de mais "sazonal" pode-se provar.

Ingredientes

Para o cordeiro: quartos dianteiros de 1 cordeirinho de leite, 6 dentes de alho, 2 raminhos de alecrim, 1 copo de vinho branco seco, 4 colheres de sopa de extrato de tomate, 6 colheres de azeite extravirgem, sal, pimenta-do-reino.

Para as ervilhas: 1/2kg de ervilhas frescas pequenas, 1 cebola branca ou 4 cebolinhas, 60g de bacon, 1 colher de chá de açúcar, manteiga, azeite extravirgem, sal, pimenta-do-reino.

Aqueça o cordeiro em pedaços em uma panela em fogo alto com um pouco de sal, para perder líquido. Passe a carne para uma frigideira, com o azeite, o alecrim, os dentes de alho amassados, o sal e a pimenta-do-reino. Doure no fogo alto, alternando os lados com frequência, por cerca de 10 minutos e depois banhe com o vinho e espere evaporar. Acrescente ao cordeiro o extrato de tomate diluído em meio litro de água fervente e cozinhe por meia hora.

Enquanto isso, prepare as ervilhas com o bacon, a cebola picada, um pouco de azeite, 1 colher de sopa de manteiga, sal, pimenta-do-reino, açúcar e um pouco de água. Adicione água quente, se necessário.

Adicione ao cordeiro as ervilhas, deixe-as no molho por 2-3 minutos e sirva com um vinho tinto Rosso di Montalcino ou Montepulciano.

Caramujos
à moda de Maremma

Ingredientes: 80 caramujos (escargot) médio ou grandes, 500g de tomate pelado, 1 cebola, 1 cenoura, 1 talo de salsão, calaminta (planta silvestre parecida com a hortelã), 4 fatias de pão toscano (ou italiano), 1 copo de vinho tinto, caldo, azeite extravirgem, sal, pimenta-do-reino.

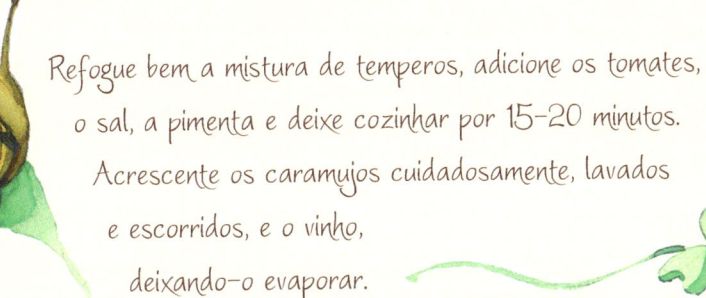

Refogue bem a mistura de temperos, adicione os tomates, o sal, a pimenta e deixe cozinhar por 15-20 minutos. Acrescente os caramujos cuidadosamente, lavados e escorridos, e o vinho, deixando-o evaporar. Coloque um copo abundante de caldo e cozinhe por cerca de 2 horas, até obter um molho grosso. Toste as fatias de pão, coloque-as nos pratos e despeje os caramujos com o molho.

Acompanhe com vinho Morellino di Scansano.

Accompagnare con Morellino di Scansano

Lesso rifatto
Cozido refeito

Este prato utiliza as sobras do cozido, mas é tão gostoso que ganhou status de prato único. O molho com muita cebola é conhecido em algumas partes da Toscana como "à francesinha". Nos tempos de penúria, chamava-se stiracchio (prolongamento), pois, depois de ser usada no caldo e no cozido, a carne que sobrava era consumida com muito molho e pão, compondo mais uma refeição.

Ingredientes: 800g de carne de vaca cozida em água e sal, 400g de purê de tomate, 2 cebolas, 1 pimenta-malagueta, azeite extravirgem, sal.

Corte a carne em cubos. Frite a cebola e a pimenta no azeite. Adicione o purê de tomate, meio copo de água e sal. Ferva por 10 minutos, coloque a carne e deixe ferver por mais 10 minutos.

Agnellino arrosto con patate
Cordeiro assado com batatas

Ingredientes: 1 perna de cordeiro de leite da raça massese (mais tenro) de aproximadamente 1,2kg, 6 dentes de alho, 10 folhas de sálvia, 1 ramo de alecrim, 800g de batatas, 1 copo de vinho branco seco, azeite extravirgem, sal, pimenta-do-reino.

Prepare um batido de alho, sálvia e alecrim. Fure a carne em vários pontos e insira pitadas da mistura. Coloque a carne em uma assadeira com azeite, sal e pimenta e espalhe sobre ela o restante da mistura. Asse, coberto com papel alumínio, no forno a 200°C por 40 minutos, virando a carne frequentemente. Quando estiver quase cozida, borrife o vinho e deixe evaporar bem. Retire a perna da assadeira e reserve, mantendo-a quente. Ponha as batatas cortadas na assadeira e volte ao forno por meia hora. Depois, recoloque o cordeiro e asse com as batatas por mais alguns minutos. Escorra a carne e as batatas e sirva bem quente.

Cinghiale in dolce e forte

Javali ao molho doce e picante

Esta antiga receita senense (como evidenciam os ingredientes) representa talvez o máximo da complexidade na cozinha toscana.

Ingredientes: 500g de polpa de carne de javali jovem, 1 cebola, 1 cenoura, 1 talo de salsão, 25g de pinoli, 25g de uva-passa, 2 cavallucci de Siena (receita p. 99), 50g de panforte (receita p. 94), 50g de chocolate fondente, 1/2 litro de vinho tinto envelhecido, 200ml de vinagre branco, 2 bagas de zimbro, 2 folhas de louro, 1 colher de farinha de trigo, caldo de carne, 1 pimenta-malagueta, 15g de manteiga, azeite extravirgem, sal, pimenta-do--reino em grãos.

Deixe o javali marinar por uma noite no vinho, em 2/3 do vinagre, a pimenta-do-reino em grãos e o louro.

Frite no azeite um batido de cebola, cenoura, salsão, pimenta-malagueta e sal e acrescente o javali escorrido e cortado em cubinhos (reserve a marinada). Refogue, coloque a farinha de trigo e toste levemente. Adicione a marinada, deixe evaporar e cozinhe com o caldo em fogo baixo, até que a carne fique muito macia (o tempo depende do javali: idade, sexo, maturação).

Prepare o molho: mexendo constantemente para não grudar, desmanche totalmente os *cavallucci* e o *panforte* que ficaram de molho no caldo de carne por, pelo menos, 12 horas. Derreta o chocolate na manteiga e adicione-o à mistura de *cavallucci* e *panforte* assim como o restante do vinagre, os *pinoli*, a uva-passa e o molho do cozimento do javali coado.

Cubra a carne com o molho e sirva quente, acompanhada de compota de maçã ou de castanhas. O vinho servido pode ser um Brunello di Montalcino ou um Sassicaia.

A mesma preparação pode ser usada para lebre, cabrito, língua bovina e até para bacalhau.

Ossobuco alla fiorentina
Ossobuco à florentina

É uma preparação de inverno muito saborosa. Compre carne de vitela que não seja de leite, mas que ainda não seja um animal adulto (na Toscana chama-se passapeso).

Ingredientes: 4 ossobucos de vitela (passapeso), 1 cebola roxa, 1 talo de salsão, 2 cenouras, 3 dentes de alho, um maço de salsinha, 1/2kg de tomate pelado, 2-3 folhas de manjericão (ou uma pitada de manjericão desidratado), 1 copo de vinho branco seco, farinha de trigo, 50g de manteiga, 6-7 colheres de sopa de azeite extravirgem, sal, pimenta-do-reino.

Passe os ossobucos na farinha de trigo e doure-os bem em uma panela grande com o azeite e metade da manteiga. Tire e reserve, mantendo-os quentes. Adicione à panela o restante da manteiga com algumas colheres de sopa de água, raspe o fundo e deixe o molho reduzir. Acrescente cebola, salsão, cenouras, alho e salsinha bem batidos, e refogue em fogo alto, mexendo sempre. Recoloque os ossubucos na panela, derrame o vinho e espere evaporar. Ponha os tomates batidos no liquidificador com o manjericão. Tampe e cozinhe em fogo muito baixo por 1 hora, mexendo sempre.

Depois disso, segundo a tradição, o prato pode ser incrementado adicionando cerca de 1/2kg de batatas. Para isso, retire novamente os ossubucos da panela e mantenha-os quentes. Cozinhe as batatas por meia hora em fogo muito baixo, prestando atenção para não deixá-las grudar. Recoloque os ossobucos na panela e aqueça tudo antes de servir.

Fagioli al fiasco
Feijões na garrafa

Simples e completo por si só quando acompanhado de um bom pão toscano (ou italiano) e uma taça de vinho Chianti.

Fricassé de frango

Ingredientes: 1 frango de aproximadamente 2kg, 2 dentes de alho, 5-6 folhas de sálvia, 2 ovos, 1 limão, 1 copo de vinho branco seco, caldo, azeite extravirgem, sal, pimenta-do-reino.

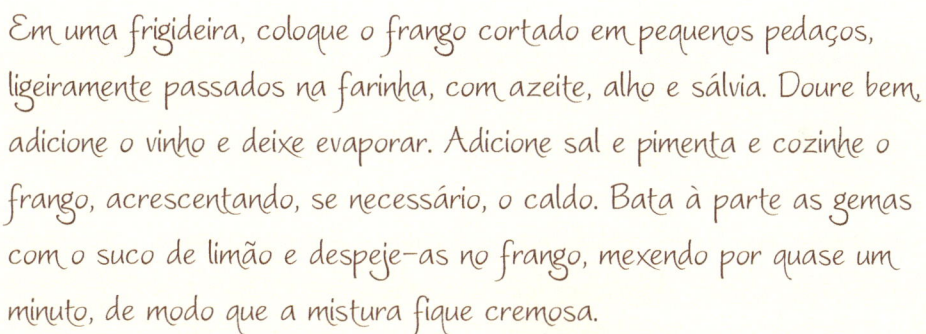

Em uma frigideira, coloque o frango cortado em pequenos pedaços, ligeiramente passados na farinha, com azeite, alho e sálvia. Doure bem, adicione o vinho e deixe evaporar. Adicione sal e pimenta e cozinhe o frango, acrescentando, se necessário, o caldo. Bata à parte as gemas com o suco de limão e despeje-as no frango, mexendo por quase um minuto, de modo que a mistura fique cremosa.

Ingredientes: 500g de feijão branco,
5-6 folhas de sálvia, 1 dente de alho,
azeite, sal, pimenta-do-reino.
Além disso: Uma garrafa de vinho
toscano de 1 litro e meio sem a palha
e uma lareira com muita brasa.

Deixe os feijões de molho por 12
horas. Em seguida, coloque-os na
garrafa com 50ml de azeite, a sálvia,
o alho e 1 copo de água bem fresca.
Tampe bem com um chumaço de tecido e apóie a garrafa perto do fogo da
lareira, sobre as cinzas quentes. Depois
de uma hora, mova-a mais para o
centro da lareira e deixe cozinhar por
cerca de 3 horas. Quando o líquido
estiver totalmente absorvido, despeje o
feijão em uma terrina, adicione um fio
de azeite, sal e pimenta-do-reino e sirva.

Cioncia
Cozido de vitela

Prato originário da zona de Pescia,
feito com a carne extraída da cabeça
dos animais. Tradicionalmente, essa
carne era vendida às tabernas frequen-
tadas pelos carroceiros (barrocciai),
onde o prato era preparado.

Ingredientes: 700g de cabeça de vitela,
500g de tomates pelados, 1 cebola,
1 talo de salsão, 1 cenoura, 1 dente de
alho, 1/2 copo de vinho tinto, caldo,
pão toscano (ou italiano), azeite
extravirgem, sal, pimenta-do-reino.

Ferva as várias carnes que compõem
a cabeça (bochecha, focinho etc.)
por 1 hora em água salgada. Escorra a
carne, corte-a em tiras e refogue-a no
azeite com bastante cebola, salsão,
cenoura e alho picados. Adicione o
vinho tinto e deixe evaporar. Acrescente os tomates, o sal e a pimenta e
cozinhe por uma hora, acrescentando
caldo se necessário. Sirva quente sobre fatias de pão colocadas no fundo
dos pratos.

Coniglio all'etrusca
Coelho à etrusca

Ingredientes: 1 coelho novo, 100g de
bacon, azeitonas verdes, 1 cenoura,

1 cebola, 1 dente de alho, 1 talo de salsão, 2-3 folhas de sálvia, 1 ramo de alecrim, 1 copo de vinho branco seco, alcaparras, caldo, azeite extravirgem, sal, pimenta-do-reino.

Refogue um batido feito com o bacon e os temperos. Assim que murchar, adicione o coelho cortado em pedaços e deixe dourar em fogo alto com sálvia e alecrim. Espere o vinho evaporar, abaixe o fogo, coloque sal e pimenta. Cozinhe por cerca de 1 hora, acrescentando o caldo aos poucos. Um pouco antes de terminar o cozimento, coloque as alcaparras e as azeitonas na quantidade desejada. Deixe pegar gosto e sirva quente.

Frittata di ricotta
Omelete de ricota

Receita das zonas dos Apeninos, onde até o ingrediente mais simples era utilizado da melhor forma. É um prato nutritivo e delicado, que também pode ser servido frio como aperitivo ou entrada.

Ingredientes: 300g de ricota, 3 ovos, 1/2 cebola, hortelã, azeite extravirgem, sal, pimenta-do-reino.

Em uma vasilha, bata os ovos com o garfo. Refogue a cebola picada em uma panela com um pouco de azeite e sal. Adicione a ricota (que deve estar granulada, compacta, seca e muito fresca) amassada com um garfo, uma pitada de hortelã e misture bem. Assim que começar a dourar, despeje os ovos batidos e a pimenta. Deixe dourar bem dos dois lados, virando a omelete com uma espátula (ou com a tampa da panela ou um prato). Sirva imediatamente.

Sedani alla pratese
Salsão à moda de Prato

Típico da cidade de Prato, mas difundido em outras partes da Toscana, esse prato permite algumas variações: a inversão da quantidade de fígado e da carne, ou mesmo a eliminação do fígado e o aumento da carne e dos cogumelos.

Ingredientes: 4 salsões inteiros, 200g de fígado de frango, 100g de presunto cozido, 100g de presunto cru, 100g de carne de vitela, cogumelos frescos, farinha de trigo, 2 ovos, 1 cebola, farinha de rosca, queijo parmesão ralado, 1/2 copo de leite, 1/2 copo de vinho branco, molho de tomate ou de carne, noz-moscada, 60g de manteiga, azeite extravirgem, sal, pimenta-do-reino.

Lave os talos de salsão mais macios e cozinhe-os em água com sal. Escorra-os e deixe-os esfriar. Abra cada um dos talos e reserve.

Pique os presuntos e corte a carne de vitela, alguns cogumelos e o fígado lavado. Misture-os em uma panela com cebola picada e refogada em um pouco de azeite e manteiga.

Quando dourar, banhe com o vinho, espere evaporar e jogue um pouco de farinha de trigo.

Adicione o leite, duas colheres de queijo parmesão ralado, um pouquinho de noz-moscada ralada, sal e pimenta. Deixe cozinhar com a panela destampada. Enquanto isso, corte os talos do salsão cozidos (cerca de 8cm de comprimento) e, quando as carnes estiverem cozidas, coloque um pouco no centro de cada pedaço de salsão, fechando-o sobre si mesmo. Passe na farinha de trigo, depois nos ovos e, por fim, na farinha de rosca.

Frite em azeite muito quente e escorra bem. Coloque o salsão em uma forma untada, polvilhe com queijo parmesão, acrescente um pouco de molho e deixe assar por 10 minutos, em forno a 180ºC.

Piselli alla fiorentina
Ervilhas à florentina

Um prato tipicamente preparado na segunda quinzena de abril, quando as ervilhas estão mais tenras, pequenas e perfumadas, e o alho é novo.

Ingredientes: 600g de ervilhas, 60g de bacon, 1 cabeça de alho fresco, 1 raminho de salsinha, 1 colher de chá de açúcar, 8 colheres de sopa de azeite extravirgem, sal.

Em uma frigideira, coloque o azeite, as ervilhas, o alho, o ramo de salsinha e o sal. Cubra tudo com água fria e cozinhe com a frigideira destampada e em fogo baixo por cerca de 1 hora. Adicione o bacon em cubos, o açúcar e cozinhe por mais 5 minutos. Podem ser usadas ervilhas congeladas muito pequenas, e, em vez de alho fresco, cebolinha. O resultado é bom, mas não lhe dê o nome "à florentina".

Spezzatino
Picadinho

O picadinho é uma tradição da cozinha toscana. Por ser feito com cortes de carne não nobres, era mais acessível mas, ainda assim, caro; portanto a carne era aproveitada ao máximo.

Ingredientes: 1kg de músculo de vaca, 1/2kg de tomate pelado, 2 dentes de alho, 1 cebola, sálvia, 1 raminho de alecrim, 1/2 copo de vinho tinto, azeite extravirgem, sal, pimenta-do-reino.

Doure a carne cortada em pedacinhos no fogo alto com o alho, a cebola cortada fina, algumas folhas de sálvia e o alecrim. Quando a carne estiver bem corada, retire o alecrim, banhe-a com o vinho tinto e deixe evaporar. Acrescente os tomates pelados, duas conchas de água, sal e pimenta-do-reino. Ferva novamente, tampe a frigideira, abaixe a chama e cozinhe por 2-3 horas, até que a carne fique muito macia, mexendo frequentemente para não grudar. Sirva o picadinho quente, acompanhado de um bom vinho Chianti. Uma variação clássica consiste em refogar salsão e cenoura picados com o alho e a cebola, e acrescentar aos tomates batatas cortadas em cubinhos.

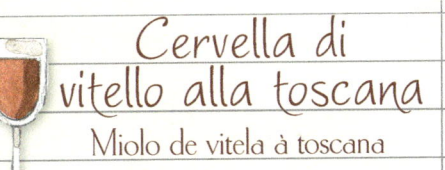

Cervella di vitello alla toscana
Miolo de vitela à toscana

Ingredientes: 2 miolos de vitela, 2 colheres de chá de pasta de aliche, 1 ovo, 2 limões, farinha de rosca, 1 colher de sopa de alcaparras, manteiga, azeite extravirgem, sal, pimenta-do-reino.

Limpe a carne, retirando os filamentos e a membrana. Para facilitar, mergulhe-a previamente em água fervendo, salgada, e deixe de molho por meia hora em água fria e suco de limão. Depois de escorrê-la, corte em fatias de um pouco mais de 1cm de espessura. Salpique sal e pimenta-do-reino e cubra-as com uma emulsão de azeite e limão. Deixe marinar por cerca de 1 hora. Escorra a marinada, passe as fatias no ovo e na farinha de rosca e frite-as em azeite bem quente. Dissolva a pasta de aliche em uma colher de sopa de manteiga e adicione um batido de alcaparras. Sirva as fatias de miolo com o molho bem quentes e acompanhada de salada de folhas verdes ou minialface.

Braciole* di maiale alla toscana

Bife de porco à toscana

* O que é chamado "brachola" na culinária brasileira é chamado "involtini" na culinária italiana.

Existe uma disputa com relação aos termos bisteca e brachola (braciola). Deve-se, porém, considerar a etimologia para perceber a exatidão da definição toscana, que entende por bisteca exclusivamente uma fatia de carne com osso. Os outros cortes de bife são chamados de brachola.

Ingredientes: 4 bifes de porco, 4 maços de couve preta (cavolo nero, ver nota na p. 13) ou acelga chinesa, 250g de tomate maduro, sementes de erva-doce, 1 dente de alho, azeite extravirgem, sal, pimenta-do-reino.

Em uma panela, aromatize o azeite com o alho e as sementes de erva-doce, doure os bifes e então acrescente os tomates picados, sem pele e sem sementes. Cozinhe por cerca de meia hora, virando a carne constantemente. Pique as folhas da couve ou acelga e acrescente à panela, 10 minutos antes do fim do cozimento. Sirva acompanhado de feijões brancos cozidos (cannellini ou toscanelli) temperados com azeite, sal e um pouco de pimenta-do-reino fresca.

Buglione
Mistura variada de ingredientes

De acordo com o dicionário, buglione significa caldo (brodo), do francês bouillon ou, em sentido figurado, "mistura confusa de coisas ou pessoas". Na cozinha toscana, indica um molho típico do sul da província de Siena, com o qual se prepara principalmente carneiro ou seus miúdos, mas também caça, coelho e até caramujos (escargots).

Ingredientes

Para o carneiro: 1kg de carneiro em pedaços, 1 litro de vinho tinto (de preferência Montepulciano), 1 copo de vinagre de vinho, 2 folhas de sálvia, 1 raminho de alecrim, 1 cebola, 1 cenoura, 1 talo de salsão, manjericão.

Para o caldo: 50g de bacon, 13 dentes de alho, 1 cebola, 1 pimenta-malagueta, 1 copo de vinho tinto de Montepulciano, 500g de tomate maduro, 1 litro de caldo de carne, azeite extravirgem, sal.

Para concluir: pão toscano (ou italiano) amanhecido, 1 dente de alho.

Deixe o carneiro marinar por cerca de 6 horas em vinho, vinagre e um batido de sálvia, alecrim, manjericão, cenoura, salsão e cebola. Depois disso, escorra a carne e coloque-a em uma panela antiaderente para secar o líquido. Enquanto isso, prepare um refogado de bacon, cebola, pimenta-malagueta e 3 dentes de alho. Quando estiver pronto, junte os pedaços de carneiro e refogue tudo em fogo alto por 5-6 minutos, até que dourem bem. Nesse momento, adicione o vinho e deixe-o evaporar, coloque os tomates esmagados com o garfo e 10 dentes de alho com a casca. Salgue e deixe cozinhar, acrescentando o caldo quente. Toste algumas fatias de pão, esfregue-as com o alho, coloque-as no fundo dos pratos (tigelas de cerâmica) e borrife-as com o molho, que deve estar bastante líquido. Coloque por cima pedaços do carneiro e enfeite com alguns dentes de alho com casca. Sirva com o mesmo vinho usado para marinar e cozinhar.

Frittata con gli zoccoli
Omelete de sobras

Ingredientes: 150g de bacon, 6 ovos, 1 cebola, 2 batatas, queijo parmesão ralado, azeite extravirgem, sal.

Em uma frigideira com pouco azeite, refogue a cebola cortada em fatias muito finas, até murchar. Adicione as batatas cortadas em pedaços muito pequenos e deixe dourar. Em outra panela, derreta a gordura do bacon cortado em cubinhos até que ele fique crocante, coloque as batatas e a cebola, espere pegar gosto e despeje os ovos batidos com o parmesão (originalmente se usava farinha de rosca). Cozinhe como uma omelete normal. Cortada em triângulos ou em quadrados, se presta muito bem para ser servida como entrada ou como aperitivo, acompanhado de um bom copo do vinho branco Vernaccia de San Gimignano.

Petto d'oca con marroni del Mugello
Peito de ganso com castanhas do Vale do Mugello

"...o mais belo mercado que existe no mundo é o Barberin, onde está a minha Nencia". No poema "Nencia de Barberino", cuja autoria foi atribuída a Lorenzo, o Magnífico, é narrada a história do camponês apaixonado por Nencia, tão linda que "... os lábios vermelhos parecem de coral, / e têm dentro duas fileiras de dentes / que são mais brancos do que os de um cavalo / e de cada lado têm mais de vinte..." Barberino pode não ser o mercado mais lindo do mundo, mas é a cidade principal do "alegre vilarejo do Mugello", como definiu Carlos Magno em uma declaração de 801. O vilarejo é conhecido não somente pelas obras de Giotto e Cimabue (que possuía casa em Vicchio), mas também pela peculiaridade de sua cozinha, que reúne os sabores e os aromas da montanha com os do Vale de Sieve.

Ingredientes: 1kg de peito de ganso, 300g de linguiça toscana, 200g de castanhas do Vale do Mugello, 2 fatias de pão de forma, leite, 1/2 copo de azeite extravirgem, 1/2 cebola, sal, pimenta-do-reino preta em grãos.

Abra o peito de ganso em forma de borboleta. Ferva as castanhas por cerca de 8 minutos, reserve dez e descasque e pique as demais.

Faça o recheio: desmanche a linguiça e o pão de forma sem casca amolecido no leite, misture tudo em uma terrina, colocando as castanhas e a pimenta-do-reino preta moída grosseiramente em seguida.

Recheie o peito do ganso e amarre--o bem com o barbante de cozinha. Doure a cebola picada bem fina no azeite, adicionando as castanhas inteiras, sem casca e sem pele. Acrescente o peito de gan-so, doure-o uniformemente e depois asse-o em forno preaquecido a 180ºC.

Pollo al mattone
Frango no tijolo

Este prato nasceu em Pescia, capital tos-cana das flores, perto de Collodi e pátria de Carlo Lorenzini, autor de Pinóquio.

Ingredientes (para 2 pessoas): 1 frango, 1 limão, 1 dente de alho, 1 raminho de alecrim, 3 folhas de sálvia, 4 colheres de azeite extravirgem, sal grosso, pimenta-do-reino preta em grãos.

Use um frango pequeno e de carne fir-me, corte-o no sentido do comprimento e achate-o. Envolva o frango cuidado-samente em um batido de alho, sálvia e alecrim e adicione o azeite, o suco de limão, o sal e a pimenta-do-reino moí-da. Deixe marinar por algumas horas, virando de vez em quando.

Coloque o frango em uma panela grande e tampe com um tijolo ou um prato pesado de cerâmica não poroso. Asse em fogo lento por cerca de 20 minutos de cada lado, até que a pele, tendo perdi-do toda a gordura, fique escura e crocante.

Cecina
Torta de grão-de-bico

Prato difundido da região de Maremma até à Costa Azul, com nomes diferentes, tem sua origem disputada por Pisa, Gênova e La Spezia. Em Livomo, onde é chamado simplesmente de "torta", é degustado em um filão de pão especial, chamado "pão francês".

No início do século XX, este pão custava 5 centavos e a torta outros 5; ainda hoje, quando se compra esta torta, pede-se um "cinco e cinco".

Ingredientes: 250g de farinha de grão-de-bico, azeite extravirgem, sal, pimenta-do-reino.

Dissolva bem a farinha de grão-de-bico em 1/2 litro de água e uma pitada de sal. Misture cuidadosamente com uma colher de madeira e deixe descansar por 3-4 horas, mexendo de vez em quando. Coloque bastante azeite em uma assadeira de alumínio ou aço larga e baixa (a torta deve ficar muito fina) e adicione a farinha de grão-de-bico. Incorpore o azeite, misturando das extremidades em direção ao centro. Asse em forno preaquecido a 250°C, por aproximadamente 10 minutos.

Ao término do cozimento, uma fina e dourada casquinha externa deve ter se formado, permanecendo macia no interior. Sirva muito quente, com pimenta-do-reino moída por cima. É um prato que, sozinho, constitui um jantar leve.

Cielo stellato
Céu estrelado

Este prato é de evidente origem camponesa, típico de Campi Bisenzio e uma das muitas maneiras de reutilizar carne cozida (bollito).

Ingredientes: 500g de carne magra cozida, 3 dentes de alho, 1 maço de salsinha, 4 ovos, azeite extravirgem, sal, pimenta-do-reino.

Pique a carne, o alho e a salsinha. Refogue tudo lentamente na panela com azeite, sal e pimenta.

Acrescente os ovos batidos e cozinhe como uma omelete comum. Sirva acompanhado de *radicchio* silvestre.

Fritto misto toscano
Fritura mista toscana

A receita tradicional a seguir pede carnes que hoje são dificilmente encontradas, como as molejas e as costas que, sem renunciar às costeletas e ao miolo, podem ser substituídas por frango cortado em pedaços pequenos. Quanto aos vegetais, podem ser adicionados tipos variados, a gosto, pois "até um chinelo frito é gostoso".

Ingredientes: 8 costelinhas de cordeiro, 400g de molejas, 2 miolos de vitela, 400g de costas (medula espinhal) de vitela, alcachofras, abobrinhas, tomates verdes, flores de abóbora, batatas, farinha de trigo, farinha de rosca, 1 limão, pão toscano (ou italiano), 3 ovos, óleo para fritar, sal.

Bata levemente as costelas, escalde e limpe o resto das carnes e corte-as em pedacinhos. Passe-as na farinha, depois nos ovos batidos com um pouco de sal e aperte-as bem na farinha de rosca. Tire as folhas externas das alcachofras e separe-as em gomos (utilize de preferência a alcachofra roxa, mais macia). Corte as abobrinhas e as batatas em tiras bem finas e os tomates verdes em fatias. Retire o caule e o interior das flores de abóbora. Passe os vegetais na farinha de trigo e depois no ovo (exceto as flores da abóbora, que devem ser somente enfarinhadas). Aqueça bastante óleo e, antes que ele comece a soltar fumaça, mergulhe aos poucos os pedaços em fogo moderado, até que estejam perfeitamente dourados. Passe as fatias de pão no ovo que sobrou e frite-as. Escorra tudo sobre o papel toalha, salgue e sirva muito quente com limões cortados.

Chiocciole alla stiglianese
Caramujos à moda de Stigliano

Stigliano é um pequeno e agradável vilarejo medieval a poucos quilômetros de Siena. Conta-se que, nos anos 1300, um grupo de mercenários bretões guiado por Giò Belcotto arrasou Stigliano e, depois de destruir e devorar tudo o que encontraram, os mercenários ameaçaram matar os habitantes caso não lhes preparassem uma boa comida. Parece que os moradores de Stigliano se saíram bem, cozinhando caramujos com as sobras dos frios que conseguiram reunir.

Ingredientes: 80 caramujos grandes ou 120 médios, 500g de tomate maduro ou pelado, 1 cebola, 2 dentes de alho, 1 pimenta-malagueta, estragão, 100g de frios mistos (salame, salame com sementes de erva-doce, copa, mortadela etc.), 1 copo de vinho tinto, pão toscano (ou italiano), caldo, azeite extravirgem, sal, pimenta-do-reino.

Refogue no azeite um batido de cebola, alho, pimenta-malagueta e bastante estragão, até a cebola murchar. Depois, adicione os frios picadinhos.

Espere pegar sabor, acrescente os caramujos perfeitamente limpos, uma xícara de chá de caldo e o vinho.

Refogue por meia hora com a panela tampada, junte os tomates, o sal e a pimenta-do-reino e cozinhe por 2 horas, colocando mais o caldo quando necessário.

Toste algumas fatias de pão, esfregue-as com o alho e salpique-as com o estragão que sobrou, picado grosseiramente. Coloque-as no fundo de uma sopeira e cubra-as com os caramujos e o molho.

Pratos principais à base de peixe:
comer sem carne

Seppie in inzimino
Lulas com verduras

A palavra zimino que com o tempo se uniu à preposição in, tem origens obscuras (talvez tenha similaridade com o cominho), mas é conhecida desde os anos 1300 e indica, na linguagem toscana atual, todos os pratos à base de peixe cozido com verduras, tomates e temperos.

Ingredientes: 800g de lula, 250g de tomate maduro, 500g de espinafre (ou acelga), 1 copo de vinho branco seco, 1 cebola, 1 dente de alho, 1 pimenta-malagueta, 1 talo de salsão, 1 cenoura, salsinha, azeite extravirgem, sal, pimenta-do-reino.

Em uma panela com pouco azeite, refogue um batido de cebola, alho, salsão, cenoura e salsinha e a pimenta-malagueta inteira. Adicione as lulas cortadas em tirinhas, sal e pimenta-do-reino e doure por aproximadamente 2-3 minutos em fogo alto.

Coloque o vinho, deixe-o evaporar e acrescente os tomates em cubos. Cozinhe por cerca de 20 minutos.

À parte, lave o espinafre, pique-o bem fino e junte às lulas. Cozinhe tudo junto em uma frigideira tampada por 30-40 minutos. Apure bem e deixe descansar, com o fogo apagado, por alguns minutos antes de servir.

Brustico
Tostado

Prato lacustre, ainda muito popular nas margens do Lago de Chiusi. São indispensáveis um peixe-pérsico muito fresco e alguns caniços de lago.

Ingredientes: 1 peixe-pérsico (ou perca; um conjunto de diferentes espécies de peixes nativos de água doce do mundo inteiro), azeite extravirgem, vinagre, sal, pimenta-do-reino.

Limpe o peixe e asse-o na brasa, sobre caniços de lago ou grelha. Quando

estiverem tostados (em dialeto, *brustato*, daí a palavra *brustico*), descame seu exterior, retire os espinhos e tempere com azeite, sal, pimenta e um pouco de vinagre. Sirva morno ou quente, como entrada ou como prato principal, acompanhado do vinho Vernaccia de San Gimignano.

Baccalà alla fiorentina
Bacalhau à florentina

O bacalhau é muito usado na cozinha toscana: cozido, in zimino, frito, mas especialmente "à florentina".

Ingredientes: 800g de bacalhau demolhado, 500g de tomate maduro ou pelado, farinha trigo, 1 cebola, 3 dentes de alho, salsinha, sálvia ou alecrim, azeite extravirgem, sal, pimenta-do-reino.

Retire a pele, todos os espinhos e a espinha do bacalhau. Corte-o em retângulos de aproximadamente 8 × 6cm, passe-os na farinha e frite-os em pouco azeite aromatizado com um dente de alho e algumas folhas de sálvia (ou um pouco de alecrim).

Deixe escorrer bem e coloque-o sobre o papel toalha.

À parte, pique dois dentes de alho, fatie a cebola bem fina e doure bem em 7-8 colheres de azeite. Adicione os tomates sem pele (ou pelados) e, quando a cebola murchar, coloque sal e pimenta-do-reino. Cozinhe em fogo médio por 20 minutos, depois acrescente os pedaços de bacalhau fritos e deixe pegar sabor por 10 minutos.

Com o fogo apagado, salpique salsinha picada sobre o bacalhau e sirva-o quente. Uma versão mais leve, embora menos saborosa, obtém-se dourando em azeite e alho os pedaços de bacalhau previamente enfarinhados, adicionando em seguida os tomates e deixando cozinhar por meia hora.

Cacciucco alla livornese*

Sopa de peixe e frutos do mar à livornense

* A receita tradicional utiliza peixes do Mediterrâneo. Esta adaptação usa peixes e frutos do mar da costa brasileira.

Para entender o cacciucco, é preciso entender a cidade que o criou. Livorno tem o clima de uma Costa Azul viril e alegre. A neve e a chuva são raras, porque a cidade é o reino dos ventos: o Maestral fresco, da Provença, limpa o céu e tinge o ar e os olhos das mulheres de azul; o Tramontana gelado chacoalha o ar com cristais e deixa o mar azul escuro, com ondulações densas que fogem da terra em direção ao horizonte. Já o vento Libeccio, que faz as ondas irromperem à beira-mar, é o mais livornense de todos: grita, brinca, eriça os cabelos e leva sal aos lábios.

Feita de vento e de mar, Livorno está distante da doçura das colinas senenses e da serenidade da arquitetura florentina.

Assim, sua culinária quebra os harmoniosos equilíbrios da cozinha toscana com o ardido do cacciucco e o aroma forte do ponche.

O cacciucco era preparado com 13 espécies de peixes muito saborosos, mas de pouco valor comercial (naquela época!): gobião, boccaccia, marachomba, polvo, lula, rascasso-vermelho, congro, scorfano, moreia, cação, sugarello, gallinella e cicale. Atualmente, leva camarões, lagostins, frutos do mar e peixes mais nobres (e ficou um pouco menos saboroso).

Ingredientes (para 6 pessoas): 500g de pescada, 500g de polvo, 500g de badejo, 500g de lulas, 500g de mariscos e vôngoles, 500g de camarões ou lagostins, vinho branco, 1 colher de extrato de tomate, alho, salsinha, 1 pimenta-malagueta, 12 fatias de pão toscano (ou italiano), azeite extravirgem.

Limpe os peixes e corte todas as cabeças.

Robalo à livornense

"Se você quiser vir comigo para Livorno, un mundo novo te mostrarei", cantavam os cirieiros de Gubbio, enquanto levavam em suas carroças os círios coloridos que seriam embarcados para a Espanha e para a França. E nova devia ser para eles também aquela culinária marítima robusta e saborosa, sobre a qual o médico francês Goigu dizia em 1814 "...o habitante de Livorno não é um glutão, ele é um gourmet".

Ingredientes: 4 robalos, 250g de tomate maduro, 1 cebola, 1 dente de alho, manjericão, 1 cenoura, salsinha, 1 pimenta-malagueta, azeite extravirgem, sal, pimenta-do-reino.

Em uma panela com azeite, refogue um batido muito fino de cebola, alho, cenoura e manjericão. Coloque sobre esta mistura os robalos limpos e sem escamas, sal e pimenta-do-reino. Deixe-os dourar um minuto de cada lado, depois cubra-os com um purê dos tomates e uma pontinha de pimenta-malagueta. Asse-os no forno preaquecido a 240°C por aproximadamente 20 minutos. Salpique com salsinha picada e sirva imediatamente.

Ferva as cabeças junto com todos os temperos, passe-as por uma peneira, espremendo-as com uma colher, e reserve o molho denso obtido. Refogue, em uma caçarola grande o suficiente com um fundo de azeite, o alho, a salsinha e a pimenta. Adicione o polvo e as lulas cortados em pedaços, o vinho branco e deixe-o evaporar. Acrescente o extrato de tomate diluído em pouca água quente e cozinhe por cerca de 20 minutos, mexendo de vez em quando.

Coloque a pescada e o badejo cortados em pedaços e o molho denso das cabeças. Continue o cozimento e, quando o polvo e as lulas estiverem macios, ponha os mariscos, os vôngoles com as conchas e os frutos do mar com casca.

Quando as conchas se abrirem (5-6 minutos depois), despeje o *cacciucco* bem quente em tigelas com as fatias de pão no fundo, já tostadas e esfregadas com alho. O vinho que acompanha deve ser rigorosamente tinto, um Chianti jovem ou um Montecarlo.

Triglie alla livornese
Trilhas à moda de Livorno

Depois do cacciucco, é o mais conhecido prato de mar toscano. De simples preparo, tem na escolha das trilhas o seu ponto essencial. Existem dois tipos de trilhas: de recife e de areia. As de areia são moles e de um rosa desbotado; as de recife são firmes e bem vermelhas. Para este prato, é indispensável a trilha de recife muito fresca, que tem na boca o cheiro de mar. A trilha é um peixe tão livornense que foi até colocado no emblema do muito amado time de futebol local.

Ingredientes: 12 trilhas de 100g cada, 500g de tomate fresco ou pelado, 2 dentes de alho, salsinha, azeite extravirgem, sal.

Refogue o alho e a salsinha, adicione os tomates, salgue e deixe cozinhar por cerca de 20 minutos, colocando um pouco de água quente se necessário. Ponha as trilhas no molho e deixe cozinhar

com a frigideira destampada por 10 minutos, sem virar o peixe para não quebrá-lo, mexendo a frigideira de vez em quando. Salpique a salsinha picada e sirva o prato muito quente. Um vinho Chianti bem jovem é o acompanhamento ideal.

Tinche alla senese
Tainhas de rio à senense

Os senenses sempre foram, e ainda são, grandes apreciadores de peixe. Distantes do mar e dos lagos, em 1200 construíram uma pesqueira que existe até hoje, nas Fontes de Pescaia, e em 1400 construíram a mais antiga barragem de alvenaria de um rio (no rio Bruma), somente para ter uma reserva adequada de peixe fresco. Hoje, dessa obra imponente são visíveis ainda, perto de Gavorrano, cerca de 200 metros de muralhas, chamados pelos senenses de i muracci (os paredões).

Ingredientes: 1kg de tainhas de rio ou tenca, 150g de polpa de tomate,

1 cebola, 1 maço de salsinha, 1 talo de salsão, 150g de acelga (só a folha, sem o talo), 250g de espinafre, 1 copo de vinho branco seco, 50g de bacon, 1 dente de alho, azeite extravirgem, sal, pimenta-do-reino.

Pique o espinafre e a acelga, depois de tê-los cozido e escorrido. Refogue no azeite a cebola, o salsão e a salsinha, adicione as tainhas lavadas e sem as vísceras e tempere. Cozinhe por alguns minutos, sempre mexendo. Coloque o vinho, espere evaporar e acrescente os tomates. Deixe cozinhar com a frigideira tampada. Em outra panela, doure as verduras e o bacon com um dente de alho, junte às tainhas e deixe pegar sabor por 5 minutos. Sirva quente, com um Vernaccia de San Gimignano fresco.

Anguille in zimino
Enguias com molho de tomate

As enguias do Ombrone, o segundo maior rio da Toscana que atravessa as províncias de

Cee

Enguia: Por cee (pequenas enguias) entende-se o conjunto de pequenos peixes que nadam contra a maré para se transformar em enguias. Pratos tradicionais e que antigamente não podiam faltar nas mesas de Natal dos habitantes de Livorno e de Pisa, hoje são proibidas.

Sempre muito caras, a lembrança permanece na região de Livorno: "Mi 'osti 'na cea!" (Você me custa uma cea, isto é, uma enguia pequena, caríssima), referindo-se a quem faz estragos ou a uma criança que tudo quer.

Salmonete: Muito procurado e caro desde sempre, a ponto de, em um antigo tratado sobre alimentos, lê-se que "O salmonete não é comido por quem o pesca", pois era muito caro para um pescador. Na Toscana, o salmonete dos arrecifes alcançam seu apogeu na receita "à moda de Livorno".

AL DVS

no mar

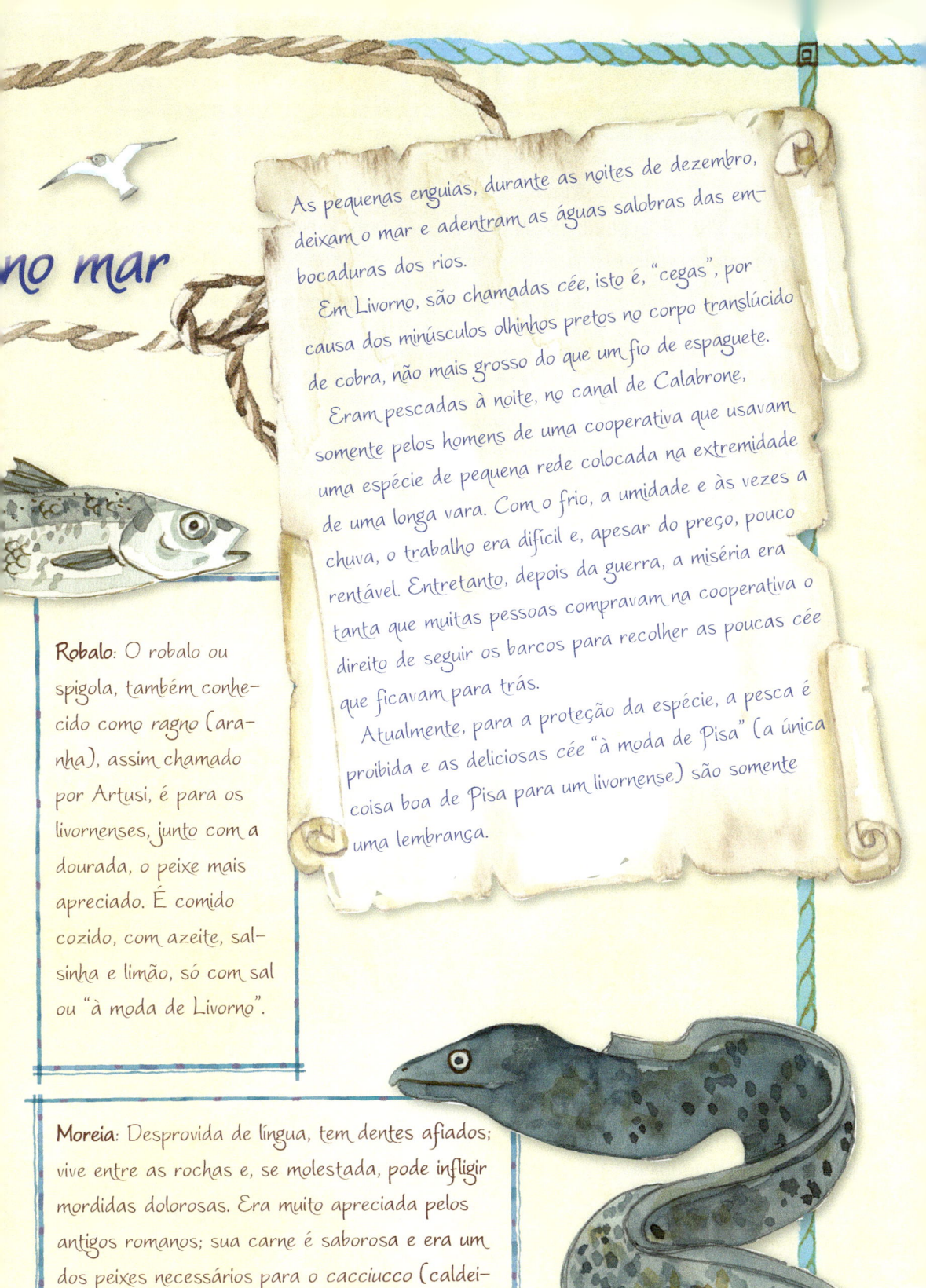

As pequenas enguias, durante as noites de dezembro, deixam o mar e adentram as águas salobras das embocaduras dos rios.

Em Livorno, são chamadas *cée*, isto é, "cegas", por causa dos minúsculos olhinhos pretos no corpo translúcido de cobra, não mais grosso do que um fio de espaguete.

Eram pescadas à noite, no canal de Calabrone, somente pelos homens de uma cooperativa que usavam uma espécie de pequena rede colocada na extremidade de uma longa vara. Com o frio, a umidade e às vezes a chuva, o trabalho era difícil e, apesar do preço, pouco rentável. Entretanto, depois da guerra, a miséria era tanta que muitas pessoas compravam na cooperativa o direito de seguir os barcos para recolher as poucas *cée* que ficavam para trás.

Atualmente, para a proteção da espécie, a pesca é proibida e as deliciosas *cée* "à moda de Pisa" (a única coisa boa de Pisa para um livornense) são somente uma lembrança.

Robalo: O robalo ou *spigola*, também conhecido como *ragno* (aranha), assim chamado por Artusi, é para os livornenses, junto com a dourada, o peixe mais apreciado. É comido cozido, com azeite, salsinha e limão, só com sal ou "à moda de Livorno".

Moreia: Desprovida de língua, tem dentes afiados; vive entre as rochas e, se molestada, pode infligir mordidas dolorosas. Era muito apreciada pelos antigos romanos; sua carne é saborosa e era um dos peixes necessários para o *cacciucco* (caldeirada) tradicional.

Siena e Grosseto, eram famosas desde a antiguidade e usadas para variar o peixe durante a Quaresma.

Ingredientes: 1kg de enguia média, 2 cebolas, 2 talos de salsão, 400g de tomate maduro (ou pelado), alho, alecrim, salsinha, 1 limão, 1/2 copo de vinho branco seco, azeite extravirgem, sal, pimenta-do-reino.

Refogue no azeite o alho, o salsão, a salsinha, o alecrim e a casca do limão. Adicione os tomates cortados em pedaços e deixe cozinhar.
Corte as enguias em pequenos pedaços, enfarinhe-os e coloque-os no molho. Tempere com sal e pimenta e cozinhe por 10 minutos.

Anguilla alla fiorentina
Enguia à florentina

Ingredientes: 1 enguia de 1kg aproximadamente, 1kg de ervilha fresca, 400g de tomate maduro, azeite extravirgem, 1 dente de alho, farinha, sal, pimenta-do-reino.

Depois de tirar a pele, corte a enguia em pequenos cilindros de 6-8 cm de comprimento, enfarinhe-os e doure-os bem, em uma panela (de preferência de barro) com o azeite e o dente de alho. Tempere. Assim que se formar uma leve casquinha, adicione o tomate lavado, sem pele e cortado em pedaços e tampe a panela. Cozinhe até o molho reduzir. Retire a enguia e acrescente as ervilhas. Cozinhe-as, acrescentando, se necessário, um pouco de água, recoloque a enguia e deixe-a pegar sabor com as ervilhas por alguns minutos. Sirva-a bem quente.

Stoccafisso riese
Bacalhau riense

Em Rio Marina, na Ilha de Elba, viviam os marinheiros que transportavam os materiais das pedreiras e minas até os distantes portos franceses e espanhóis. Um trabalho árduo e mal remunerado. Era o bacalhau riense, diziam, que lhes dava a força necessária e mantinha viva a lembrança de casa.

Ingredientes: 1,2kg de bacalhau amo-
lecido, 500g de tomate, 1 cebola,
manjericão, gengibre, pimetão verde,
salsinha, azeitona preta, pinoli, alca-
parras, queijo parmesão ralado, azeite
extravirgem, sal, pimenta-do-reino.

Em uma frigideira (se possível, de
terracota), refogue a cebola cortada
em fatias finas, adicione os tomates, a
salsinha, o manjericão, um pedacinho
de gengibre, sal e pimenta-do-reino.
Assim que estiver tudo cozido, coloque
o bacalhau, as alcaparras, as azeitonas
e os *pinoli*, tomando cuidado para não
grudar. Diminua a chama e cozinhe,
acrescentando água quente se necessário. Sirva com parmesão.

Sburrita riese
Sopa de bacalhau

Para os habitantes da Ilha de Elba,
é um sabor antigo, da época em
que o bacalhau, comida dos pobres,
revigorava os trabalhadores depois de
um duro dia na mina e da pesca.

Ingredientes: aproximadamente 1kg de
bacalhau macio, 1 cabeça de alho,
tomilho, hortelã (ou calamita),
1 pimenta-
-malagueta,
3 colheres de
sopa de azeite ex-
travirgem (sugerimos o azeite de Rio
Marina), pão toscano (ou italiano).

Ferva 3 litros de água com uns 10 dentes de alho esmagados, o tomilho, a
hortelã e a pimenta. Assim que levan-
tar fervura, adicione o azeite e cozinhe
por cerca 1 hora em fogo brando.
Acrescente o bacalhau cortado em
pedaços e cozinhe por mais meia
hora. Coloque o pão, que foi tostado
diretamente na chama do fogão, no
fundo dos pratos e cubra com o caldo
e o bacalhau. Acompanhe com o
vinho Procanico de Elba seco.

Aringhe alla carrarina
Arenques à moda de Carrara

Sabor forte, comum entre cavadores
de mármore e marinheiros, deve ser

As hortaliças sempre foram, assim como os cereais, a base da cozinha mediterrânea. Tais ingredientes estão particularmente presentes na cozinha toscana. Grande parte do território de Siena não era (e não é) edificável, deixando espaço para as hortas. Pelo registro dos impostos da República (chamado "della Biccherna"), em 1454 havia, dentro dos muros da cidade, 202 casas com horta, 47 hortas e 14 vinhedos. A água era retirada das inúmeras e belíssimas fontes ainda existentes (como a antiga Fontebranda, a gótica Fonte Nuova d'Ovile e a artística Fonte Gaia), alimentadas por 25km de amplos canais ("bottini" pelo teto em forma de tonel, abobadado) escavados na pedra, parte em alvenaria — até hoje são utilizados e podem ser visitados.

Fagioli Cannellini
(feijões brancos)

"Compremos os feijões brancos, daqui a pouco chegam os toscanos" diziam antigamente os taberneiros da Maremma do Lácio quando, no outono, aguardavam a chegada dos caçadores toscanos de cotovias com suas corujas. Típicos da Toscana, os feijões são brilhantes, brancos e alongados. Ficam deliciosos cozidos e temperados com azeite novo. Seu sabor delicado é exaltado pelo cozimento na garrafa (receita "Fagioli al fiasco" p. 66) com azeite, alho e sálvia. Com a couve preta forma os ingredientes insubstituíveis da conhecidíssima *ribollita* (receita p. 126).

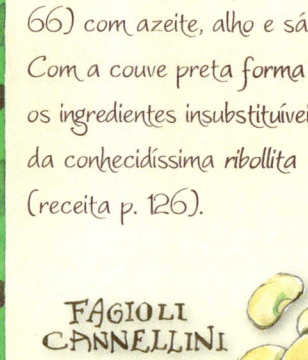

FAGIOLI CANNELLINI

FUNGO FERLENGO

Fungo Ferlengo
(cogumelo Ferlengo)

Exclusivo da Maremma, é assado na brasa e temperado com azeite, sal, pimenta-do-reino, um pouco de alho picado e algumas sementes de erva-doce. Cresce somente junto da "ferla", uma planta parecida com a erva-doce selvagem, porém, bem maior (chega a 2m de altura). Fica delicioso também na sopa, refogado com azeite, alho e salsinha, ou frito.

e cogumelos

subterrâneas
Siena

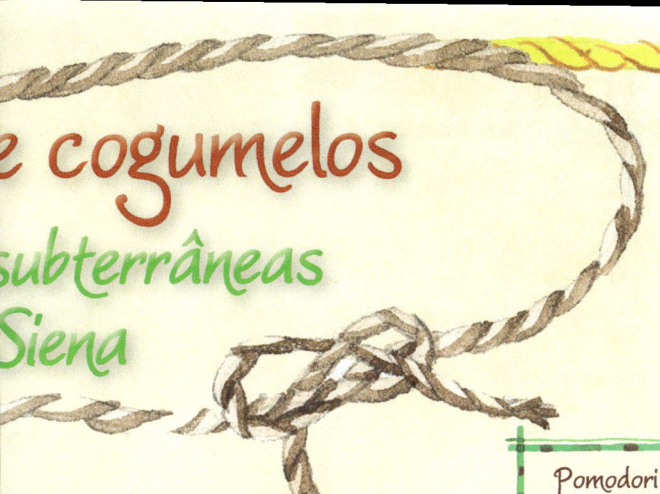

POMODORO
PISANELLO

Pomodori Pisanelli
(tomates pisanelli)
Mais achatado do
que o tomate comum,
tem um sabor doce e ao mesmo tempo levemente ácido,
com forte perfume frutado.
É ideal para fazer a bruschetta
toscana e também para molhos,
graças à polpa pouco aquosa. Muito procurado e delicado, o pisanello
atende somente às necessidades
das províncias de Pisa e Livorno,
onde é cultivado.

CARDO GOBBO

Cardo gobbo (alcachofra-
-brava ou de são-joão)
A alcachofra-brava é cultivada nas
regiões de Siena e de Monferrato
(Piemonte). Suas pontas são amar-
randas, dobrando-as para baixo e
enterrando-as completamente depois
de enfaixá-las com palha ou papel. É
a única alcachofra-brava que pode ser
comida crua, no molho de azeite, sal
e pimenta-do-reino. Acompanha ovos
mexidos com perfeição.

CIPOLLA DI CERTALDO

Cipolla di Certaldo (cebola de Certaldo)
"...uma vez que aquele solo produz cebolas famosas em toda a Toscana." Assim Boccaccio
falava de sua cidade, que ainda hoje tem uma cebola no seu brasão. Existe em
duas variedades sazonais: "statina" (de verão), redonda, doce e arroxeada, e
"vernina" (de inverno), achatada, roxa e saborosa. Com elas são feitos cremes
deliciosos e são a base para a "francesinha", molho para carne cozida.

acompanhado de pão totalmente sem sal.

Ingredientes: filés de arenque defumado, salsinha, pão toscano (ou italiano), vinagre, azeite extravirgem.

Em um prato, cubra totalmente os filés de arenque com vinagre. Depois de uma hora, descarte o vinagre e substitua-o por azeite extravirgem, bastante salsinha picada e, se quiser, alho fresco. Deixe marinar durante um dia e então saboreie-os com pão e um vinho Chianti jovem.

Muscoli all'elbana
Mexilhões à moda da Ilha de Elba

Ingredientes: 2kg de mexilhão bem limpo, 500g de tomate maduro ou pelado, 100g de queijo parmesão ralado, 4 ovos, 1 cebola, alho, salsinha, gengibre,

azeite extravirgem, sal, pimenta-do-reino.

Escolha os mexilhões maiores (4-5 por pessoa) e separe-os. Coloque os outros em uma panela com água e cozinhe até abrirem. Retire-os das conchas e pique-os. Adicione os ovos, o queijo parmesão, um pouco de alho e salsinha picados e uma pitada de pimenta. Misture muito bem e acerte o sal. Abra os mexilhões maiores, deixando as conchas unidas na parte final, e refogue-os. Recheie o mexilhão com a mistura preparada e amarre-os com um barbante de cozinha. Refogue a cebola fatiada bem fina, junte os tomates, a salsinha e o alho picados, um pouco de sal e um pedacinho de gengibre. Cozinhe por 10 minutos acrescentando, se necessário, água quente. Coloque os mexilhões no molho e cozinhe em fogo baixo, com a frigideira destampada e sem adicionar água (já liberada pelos mexilhões). Retire a linha e sirva.

 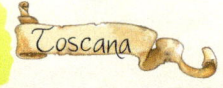

Adoçando a boca

Ricciarelli
Doce de amêndoas de Siena

Muitos senenses, especialmente os nobres, participaram das Cruzadas. Não sabemos o quanto fez bem para as suas almas sair pelo mundo matando aqui e ali, mas diz a lenda que, ao retornar das Cruzadas, o senense Ricciardo della Gherardesca introduziu na Toscana esses deliciosos docinhos, considerados natalinos mas consumidos frescos pelos senenses o ano todo.

Ingredientes: 1kg de amêndoas doces, 400g de açúcar, açúcar de confeiteiro, 2 ovos, 1 envelope de baunilha em pó, 1 pitada de canela, folhas de hóstia (o suficiente).

Escalde, retire a pele e torre as amêndoas no forno médio. Amasse-as bem em um pilão, com 60g de açúcar. Coloque em uma vasilha o açúcar restante, uma pitada de baunilha e a canela, misturando bem. Bata levemente as claras e adicione-as aos poucos à mistura.

Coloque a mistura às colheradas sobre uma bancada polvilhada de açúcar de confeiteiro e forme os biscoitos, achatando a massa em losangos de 9 × 4cm. Recorte as bordas com uma faca passada no açúcar de confeiteiro. Alinhe as hóstias na assadeira, apóie os biscoitos sobre elas e deixe descansar por 12 horas. Asse por 15 minutos no forno a 50°C. Assim que esfriarem, polvilhe açúcar de confeiteiro.

Panforte (nero e margherita)
Doce de frutas

Este doce, conhecido desde o século IX, era feito de farinha de trigo e frutas doces e com o tempo ficava com um sabor forte, daí o nome. Mais tarde, começou a ser preparado pelos boticários para consumo exclusivo dos ricos (nobres, clero, comerciantes), pois era feito com frutas cristalizadas, drogas e especiarias caríssimas para a época. Em 1879, o farmacêutico senense Enrico Righi criou para a rainha Margherita (a

mesma da pizza), em visita à cidade, o atual panforte branco que leva o seu nome e menos especiarias. As mudanças mais importantes foram a eliminação da pimenta-do-reino e a substituição do melão cristalizado pela cidra cristalizada.

Ingredientes: 400g de melão cristaliza-do, 50g de laranja cristalizada, 350g de açúcar, 350g de amêndoas sem casca, 150g de farinha de trigo, cacau em pó, 5g de canela em pó, 6g de se-mentes de coentro, 3g de macis (casca da noz-moscada), cravos da Índia, noz-moscada, 1 colher de pimenta-do-reino moída.

Derreta o açúcar em pouca água, sem deixar caramelizar. Misture bem as amêndoas (com a pele) na farinha, parte das sementes de coentro, o macis, uma pitada de cravos amas-sados, uma pitada de noz-moscada e parte da canela. Mexa muito bem e coloque em uma assadeira polvilhada com farinha, de forma que a espessura seja de aproximadamente 2cm. Polvilhe com a canela e as sementes de coentro amassadas. Coloque no forno médio por cerca de meia hora. Retire do forno e, quando estiver frio, polvilhe com cacau em pó.

Para o *panforte* branco (marghe-rita), substitua o melão pela cidra cristalizada, não use as especiarias e coloque essência de baunilha.

Frittelle di San Giuseppe
Bolinhos de São José

Em Siena, é tradição comer esses bolinhos no dia de São José (19 de março). Os vendedores, chamados frittellai, se instalam na Piazza del Campo para a ocasião.

Ingredientes: 100g de arroz, 1/2 litro de leite, 50g de açúcar, 1 limão, 3 ovos, 50g de farinha de trigo, açúcar de confeiteiro, azeite extravirgem, sal.

Cozinhe o arroz no leite com a casca do limão, até que o leite seja absorvido. Deixe esfriar e só então adicione as gemas, o açúcar e uma pitada de sal

(uva-passa ou cidra cristalizada são facultativas). Deixe descansar, bata as claras em neve e junte-as delicadamente ao arroz. Despeje a mistura às colheradas em azeite fervendo e frite os bolinhos, sem deixá-los dourar. Sirva-os quentes, polvilhados com açúcar de confeiteiro.

Pan co' santi
Pão doce dos santos

Preparado desde a metade de outubro até o Natal, é o doce das festividades de novembro. Atualmente é vendido na versão "confeitaria", mas aqui damos a versão original, caseira.

Ingredientes: 600g de massa de pão, 50g de nozes picadas, 100g de uva-passa, 50g de banha, vinho branco, 20 colheres de azeite extravirgem, sal, pimenta-do-reino em grãos.

Trabalhe a massa e deixe-a crescer coberta, até que dobre de volume. Reidrate as uvas com um pouco de vinho. Doure as nozes no azeite e na banha, com uma pitada de sal e pimenta moída na hora (se quiser, coloque uma pitada de canela e algumas sementes de anis). Adicione as nozes, o azeite e as uvas passas à massa, misturando tudo. Divida a massa em três partes e deixe descansar por aproximadamente 2 horas em uma assadeira coberta e forrada com papel manteiga. Pincele a superfície dos pães com azeite e asse-os por aproximadamente 40 minutos em forno a 180°C. Coma frio, acompanhado do Vinsanto doce (vinho de sobremesa).

Zuppa inglese
Sopa inglesa

Doce original de Siena, em honra ao duque de Correggio, enviado em 1500 pelo duque Cosimo de' Medici para serenar os conflitos entre senenses e espanhóis. Depois, o doce foi levado para Florença, onde foi ressuscitado em 1700 por Doney, famoso confeiteiro e mestre chocolateiro. Adquiriu fama e agradou muito à rica e numerosa colônia inglesa

local, que passou a chamá-lo *zuppa inglese, ou sopa inglesa.*

Ingredientes: biscoitos savoiardi ou biscoitos ingleses, 3 ovos, 3 colheres de açúcar, farinha de trigo, 1/2 litro de leite, 1 limão, licor Alkermes ou vinho Marsala.

A receita original pede pão de ló, mas os *savoiardi* ou os biscoitos ingleses são uma variante para melhor. A quantidade de biscoitos depende do tamanho do recipiente usado, que deve ser grande o suficiente para embeber os biscoitos na mistura de leite e licor.

Prepare o creme batendo as gemas com o açúcar e uma colher e meia de farinha, até ficar homogêneo. Acrescente lentamente o leite fervido com a casca de limão, mexendo sempre. Leve ao fogo novamente e mexa até que chegue na densidade certa. Não ferva. Deixe esfriar.

Forre o fundo de uma forma (pouco mais profunda do que o comprimento de um biscoito inglês) com os biscoitos passados no leite e no licor. Cubra com o creme e sirva.

Gattò
Rocambole

Para este doce, assim como para a sopa inglesa e os pêssegos de Prato, utiliza-se o licor alkermes (do árabe qirmiz, escarlate, ou de kemir, nome de uma joaninha que, dissecada e reduzida a pó faz, ainda hoje, o corante utilizado para preparar o alkermes). Trata-se de um licor doce, usado em confeitaria, de cor vermelho vibrante com sabor de especiarias e aromático. Era produzido pelas freiras de Santa Maria dei Servi e, mais tarde, em 1500, pelos frades de Santa Maria Novella, como um elixir da longa vida.

Ingredientes: 6 ovos, 250g de açúcar, 100g de farinha de trigo, 100g de fécula de batata, 1/2 copo de licor alkermes, 16g de fermento em pó, creme de confeiteiro, creme de chocolate fondente, 50g de manteiga.

Bata as claras em neve e, separadamente, as gemas com o açúcar. Incorpore a

farinha e a fécula de batata, tomando cuidado para que não se formem grumos, e adicione o fermento. Forre uma assadeira com papel para forno untado com manteiga e coloque a mistura, que não deverá superar 1 cm de altura. Coloque no forno a 240°C por 5 minutos. Com a ajuda das bordas do papel, retire o papel com a massa da assadeira e coloque-o sobre um pano úmido. Regue-a com o alkermes e cubra metade da massa com o creme de confeiteiro e a outra metade com o creme de chocolate. Enrole e finalize com açúcar de confeiteiro ou de chantili.

Castagnaccio
Doce de castanhas

Trata-se de uma receita à base de farinha de castanhas, comum também no Piemonte, Lombardia e Veneto, em versões diferentes. Com o passar do tempo, tornou-se um doce toscano, citado como tal no almanaque das mais notáveis e grandiosas coisas da Itália e outros lugares (Commentario delle più notabili e mostruose cose d'Italia et altri luoghi) publicado em Veneza, em 1553. A partir de 1800, foi enriquecido com pinoli, uva-passa e alecrim e difundiu-se da Toscana para toda a Itália.

Ingredientes: 200g de farinha doce de castanhas (na Itália, comercializada somente a partir do final de novembro), 50g de pinoli, 50g de nozes, alecrim, 100g de uva-passa, 6 colheres de azeite extravirgem, sal.

Peneire a farinha para evitar grumos e coloque-a em uma vasilha com uma pitada de sal e duas colheres de azeite. Ponha as uvas-passas de molho em água morna. Adicione água à farinha aos poucos, misturando com a batedeira manual até obter uma massa homogênea e consistente. Deixe repousar por meia hora e acrescente a uva-passa depois de secá-la com um pano. Forre uma assadeira com papel para forno untado com um pouco de azeite (o ideal seria uma assadeira de borda baixa, de cobre estanhado) e coloque a massa até à altura de 1 centímetro. Espalhe os *pinoli,*

as nozes, um punhadinho de folhas de alecrim e duas colheres de azeite. Asse no forno preaquecido a 200°C por aproximadamente meia hora, até que se forme uma casquinha rachada cor de castanha. Sirva com um vinho aleático da Ilha de Elba.

Cavallucci di Siena
Doce de nozes

É um dos doces senenses mais típicos, mas menos conhecido do que o panforte e o ricciarelli. A origem do nome é incerta, alguns atribuem ao costume de os guardadores de cavalos o consumirem embebidos em vinho quando chegavam nos postos de correio, ou por causa da forma de um cavalo gravado na superfície dos biscoitos. É, junto com o pan co' santi, o doce mais antigo ainda preparado nas casas de Siena.

Ingredientes: 500g de farinha de trigo, 500g de açúcar, 180g de nozes, 80g de casca de laranja cristalizada, 20g de anis em pó, 10g de especia- *rias mistas (macis, coentro, noz-moscada, cravos-da-índia), 5g de canela.*

Derreta o açúcar na água até obter um xarope denso. Acrescente, com o fogo apagado, a farinha, as nozes picadas, o anis, a canela, a mistura de especiarias e a casca da laranja picada bem fina. Sobre uma bancada levemente enfarinhada, estenda a mistura com uma espessura de aproximadamente 1cm e meio. Corte a massa em pequenos círculos de 5cm de diâmetro e coloque-os em uma assadeira levemente untada e polvilhada com farinha. Asse-os em forno em baixa temperatura, por aproximadamente 45 minutos, e retire-os antes que fiquem corados demais.

Necci
Crepe de castanhas

Tradicionalmente, são consumidos em todo o Apenino toscano com ricota fresca, mas também com queijo pecorino ou linguiça. Para a correta

execução, são necessárias chapas de arenito (na Toscana, são vendidas desde Garfagnana até o Casentino).

Ingredientes: 400g de farinha de castanhas, 2 colheres de açúcar, ricota, folhas de castanheiro, sal.

Coloque as chapas no fogo. Em uma tigela, misture a farinha de castanhas com o açúcar e uma pitada de sal. Adicione água fria até obter uma massa lisa e bastante densa. Quando as chapas estiverem incandescentes, ponha sobre uma delas uma folha de castanheira, despeje por cima uma concha de massa, feche com outra folha e mais uma chapa quente. Intercale até acabar. Quando as pedras amornarem, tire os *necci* e sirva com ricota fresquíssima.

Bruttiboni
Biscoito "feio" de amêndoas

Típico da região de Prato, eram preparados quando sobravam claras de ovo. No Piemonte, são feitos com avelãs em vez das amêndoas.

Ingredientes: 100g de amêndoas tostadas doces, 1 ovo, 1 limão, 20g de açúcar, sal.

Pique as amêndoas tostadas. Bata a clara em neve com uma pitada de sal. Adicione à clara a casca do limão picada, o açúcar, as amêndoas e misture bem. Coloque a massa às colheradas numa assadeira forrada com papel para forno. Asse por 40 minutos a 130°C, em forno preaquecido.

Copate
Doce de amêndoas

Com os ricciarelli, panforte e cavallucci, as copate (do árabe qubbaiat, amendoado) estão entre os doces senenses mais típicos. Em todos eles, o uso do mel e das amêndoas remete a lembranças do Oriente. As especiarias, amplamente usadas na cozinha senense, nos faz lembrar que Siena foi uma das mais importantes portas de entrada desse doce na Itália. No Inferno de Dante é citado o senhor Niccolò, da nobre e riquíssima família dos Salimbeni, membro

do célebre "grupo esbanjador", a quem se atribui a introdução do cravo-da-índia no doce.

Ingredientes: 900g de mel, 100g de açúcar, 100g de amêndoas tostadas, 100g de açúcar de confeiteiro aromatizado com baunilha, 3 ovos, beijus.

Cozinhe o mel e o açúcar em fogo baixo po meia hora, até que estejam perfeitamente misturados. Adicione delicadamente as claras em neve e misture até obter um composto consistente e homogêneo. Acrescente as amêndoas picadas e o açúcar aromatizado, mexendo bem. Retire do fogo e, mantendo a panela quente, em banho-maria, pegue uma porção da massa morna e passe-a entre os dois beijus. Coma os doces frios.

Copate nere
Doce de amêndoas com cacau

Embora hoje não sejam comercializadas, as copate nere às quais em 1700 foi acrescentado o cacau, eram

bastante comuns. Hoje em dia as copate com cacau são as as favoritas de muitas pessoas, pois são mais saborosas do que a original.

Ingredientes: 1,2kg de mel, 500g de amêndoas tostadas, 200g de nozes tostadas, 200g de avelãs tostadas, 50g de cacau, beijus.

Derreta o mel em fogo alto e cozinhe-o até obter uma calda bem densa. Adicione um batido das oleaginosas tostadas, misturando energicamente, e depois acrescente o cacau. Retire do fogo e, mantendo o recipiente quente para que a calda não endureça, coloque porções de 15-20g da mistura sobre beijus de 10-12cm de diâmetro. Coma frio.

Schiacciata con l'uva
Torta de uva

Clássico doce camponês da época de colheita da uva, ainda hoje é encontrado nas padarias e confeitarias de Florença e arredores em setembro e outubro. A uva

de mesa era escassa e cara, portanto, para o doce se usava a uva canaiolo, a mesma utilizada na produção do vinho Chianti clássico, hoje substituída pela uva cabemet.

Ingredientes: 400g de farinha de trigo, 200g de açúcar, levedo de cerveja, 1kg de uva preta de vinho (se possível, do tipo canaiolo), azeite extravirgem, sal.

Prepare a massa com a farinha e o sal, 4 colheres de azeite, 4 de açúcar e o tablete de levedo de cerveja dissolvido em água morna. Divida a massa em duas partes e abra. Forre uma assadeira retangular, untada com azeite, com a massa, cobrindo inclusive as bordas. Coloque sobre ela 700g da uva, metade do açúcar e um fio de azeite. Cubra com a massa restante e dobre sobre ela as bordas da primeira parte. Espalhe o restante das uvas e do açúcar com um fio de azeite. Asse em forno bem quente por meia hora.

Outra opção: esquente o azeite com um raminho de alecrim antes de regar a massa, ou junte sementes de anis ou de erva-doce à uva que cobrirá a torta.

Schiacciata alla fiorentina
Torta à florentina

Típica receita de doce do Carnaval. Conhecida também como schiacciata unta (besuntada) pelo uso que se fazia da banha, hoje substituída por azeite.

Ingredientes: 200g de farinha de trigo, 150g de açúcar, 1 laranja, 1 ovo, 15g de levedo de cerveja, essência de baunilha, açúcar de confeiteiro, noz-moscada, manteiga, azeite extravirgem, uma pitada de sal.

Misture a farinha com água e o levedo, trabalhando a massa até obter uma mistura homogênea. Cubra-a com um pano e deixe-a crescendo por 1 hora. Acrescente o ovo, o açúcar, a baunilha, as raspas da laranja, a noz-moscada, uma pitada de sal e 4 colheres de azeite. Trabalhe a massa energicamente por aproximadamente 10 minutos, até ficar elástica. Unte com manteiga uma assadeira retangular grande o suficiente para conter a massa com, no máximo, 2cm de

altura. Deixe repousar por cerca de 1 hora, depois asse-a no forno a 180°C por 20-25 minutos, até que fique dourada. Assim que esfriar, espalhe por cima o açúcar de confeiteiro. Tradicionalmente, usando um molde comum em Florença, se desenha no centro da torta um lírio florentino, com cacau em pó.

Zuccotto
Pão de ló recheado

Doce típico da tradição florentina, remonta a uma invenção da própria Catarina de Medici.

Ingredientes: 600g de pão de ló, 600g de creme de leite fresco para chantili, 80g de chocolate fondente, 50g de frutas cristalizadas mistas, 1 colher de cacau em pó amargo, licor marasquino.

Corte o pão de ló em fatias de 1cm de espessura. Pincele as paredes internas da tigela para *zuccotto* (uma tigela funda) com licor marasquino e forre-a com as fatias de pão de ló (inclusive as laterais).

Prepare o chantili com o creme de leite e divida-o em duas partes iguais, misturando na primeira parte metade das frutas cristalizadas cortadas em pedacinhos e o chocolate em lascas, e na outra parte o cacau peneirado.

Coloque na tigela forrada com pão de ló o restante das frutas cristalizadas e espalhe o chantili com cacau em toda a superfície interna da tigela, formando camadas.

Faça outra camada com o chantili de frutas cristalizadas e chocolate, e cubra tudo com uma camada de pão de ló seco. Depois, faça mais uma camada de pão de ló, mas agora umedecido no licor marasquino diluído em água.

Cubra e mantenha na geladeira por, pelo menos, 8 horas. Desenforme antes de servir.

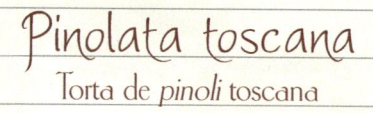

Pinolata toscana
Torta de *pinoli* toscana

Ingredientes: 350g de farinha de trigo, 7 ovos, 280g de açúcar, 200g de pinoli, 1 limão, algumas gotas de essência de baunilha, 1 envelope de 16g de fermento em pó, 200g de manteiga, sal.

Bata bem as gemas com a manteiga, adicionando aos poucos o açúcar, a baunilha e uma pitada de sal. Assim que obtiver uma mistura homogênea, acrescente aos poucos a farinha, os *pinoli* (reserve parte deles), as raspas do limão e o fermento, misturando tudo sem parar. Unte um refratário com manteiga, despeje a massa, coloque por cima os *pinoli* restantes e leve ao forno a 180°C. Asse por 1 hora, até que fique dourada.

Migliaccio senese
Doce senense à base de *panforte* e *cavalluci*

O migliaccio senense é um doce muito rico, que prevê a utilização do panforte e do cavallucci, *isto é, sobras das festas de Natal. Tradicionalmente, matava-se o porco no período mais frio do ano por motivos de conservação, em geral nos primeiros dias de fevereiro (perto da Candelora,* festa que comemora a apresentação de Jesus ao templo*) e o migliaccio era o doce fixo da sporcellata, a grande comilança com a qual se festejava o evento. A criação de porcos sempre foi fundamental na economia das famílias camponesas. Em Siena, como demonstram os afrescos do bom-governo de Ambrogio Lorenzetti, no Palácio Municipal, já em 1300 existia a cinta senense, criação de porcos em semiconfinamento, famosa pelo ótimo sabor das carnes. Não indicamos as quantidades dos ingredientes na receita pois dependem de fatores variáveis, como o tipo, frescor e qualidade das especiarias usadas nos cavallucci, panforte e biscoitos. Em cada passo deve-se levar em conta, empiricamente, a consistência da massa.*

Ingredientes: sangue de porco, ovos, biscoitos secos, panforte e cavallucci

Bolo de arroz à senense

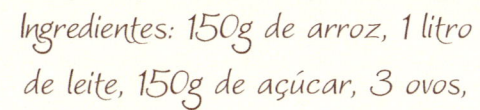

Ingredientes: 150g de arroz, 1 litro
de leite, 150g de açúcar, 3 ovos,
50g de uva-passa, 50g de cidra cristalizada, 30g de pinoli,
algumas gotas de baunilha, 1 envelope de 16g de fermento
em pó, ½ limão, 60g de manteiga, sal.

Ferva o leite com água (para evitar que ele transborde)
e uma pitada de sal. Adicione o arroz e o açúcar e cozinhe até que o leite seja totalmente absorvido. Acrescente os ovos, a cidra cristalizada, a uva-passa, os
pinoli, a manteiga em temperatura ambiente, o fermento,
a baunilha e as raspas do limão.
Misture tudo muito bem, despeje a massa em uma forma para bolo untada com manteiga e
asse em forno preaquecido a 200°C
por aproximadamente meia hora.
Sirva frio com um bom Vinsanto.

senenses, farinha de trigo, caldo de carne, banha, açúcar aromatizado com baunilha, sal.

Coloque de molho no caldo quente os biscoitos quebrados, o *panforte* picado bem fino e os *cavallucci* amassados. Leve ao fogo até obter um mingau, depois acrescente lentamente o sangue, para chegar à consistência de uma massa semilíquida, e salgue levemente. Junte os ovos batidos e, se necessário, um pouco de farinha para deixar a mistura densa e cremosa. Se ficar compacta demais, adicione um pouco de leite ou Vinsanto. Deixe repousar por 5 minutos e cozinhe um pouco da massa por vez em uma panela com diâmetro de 20cm, untada com banha. A quantidade de massa utilizada em cada vez deve ser o suficiente para se obter fritadas bem baixas e ligeiramente crocantes nas bordas. Conforme forem cozidas, disponha-as uma sobre as outras em um prato, polvilhando com açúcar aromatizado com baunilha. Sirva o *migliaccio* morno e em fatias.

Nas casas camponesas, o cozimento era feito colocando uma velha tampa de caldeirão untada com banha sobre a brasa acesa, despejando sobre ela uma conchinha da massa e sobrepondo uma segunda tampa coberta por brasas, de forma a aplicar o calor em cima e embaixo da mistura.

Maremmani di ricotta
Maremmani de ricota

Em Massa Marittima e arredores, os doces mais populares utilizam a ricota fresca fabricada na região por inúmeros produtores, que fornecem muitos tipos de queijos de leite de ovelha e de vaca de alta qualidade.

Ingredientes:

Para a massa: 300g de farinha de trigo, 80g de açúcar, 1/2 copo de vinho branco, 1 limão, 1 ovo, 2 colheres de açúcar de confeiteiro, 50g de manteiga, sal.

Para o recheio: 250g de ricota muito fresca, 3 ovos, 50g de açúcar, canela em pó, 2 colheres de rum, 1 colher

de chá de amido de milho.
Óleo para fritar.

Sfratti di Pitigliano
Despejos de Pitigliano

Prepare o recheio misturando o açúcar com a ricota, adicionando uma a uma as gemas, uma pitada de canela, o rum e o amido de milho para engrossar.

Para a massa, acrescente à farinha de trigo uma pitada de sal, o açúcar, as raspas do limão e a manteiga em temperatura ambiente, em pedaços. Coloque o ovo e o vinho necessário para obter uma mistura bem consistente. Estenda a massa bem fina e corte quadrados de aproximadamente 7cm. Ponha no meio de cada um pouco de recheio e feche em forma de triângulo ou retângulo, selando as bordas com os dentes do garfo. Frite em abundante óleo, até ficar levemente dourado, e polvilhe com açúcar de confeiteiro. Sirva-os frios, com um bom Vinsanto Occhio di Pernice di Monteregio produzido na região e que tem uma peculiar cor rosada.

A maravilhosa cidade de Pitigliano, erguida sobre um contraforte de pedra escavada de adegas e tumbas etruscas, entre outras peculiaridades, hospedou por séculos uma comunidade hebraica.

Um sinal evidente disso - além da linda sinagoga construída em 1500 com banheiro anexado, forno para ázimo, açougue e adega kosher - se nota em algumas receitas, como a deste doce.

De fato, os judeus, que até 1600 tinham vivido em Pitigliano para exercer qualquer atividade comercial ou artesanal e livres para morar onde quisessem, foram despejados de suas casas e obrigados a viver em guetos quando o governo da cidade passou dos Orsini aos Médici. Por causa dos bastões com os quais batia-se em suas portas para anunciar o despejo, estes doces, que pela sua forma lembram bastões, foram chamados "despejos".

Ingredientes:

Para a massa: 300g de farinha de trigo, 3 ovos, 120g de açúcar, 1 limão, 16g de fermento em pó, 150g de manteiga, sal.

Para o recheio: 500g de mel, 500g de nozes, 1 laranja, 2 colheres de farinha de rosca.

Faça um buraco no monte de farinha, coloque o fermento, os ovos batidos, a manteiga em temperatura ambiente e em pedacinhos, o açúcar, as raspas do limão e uma pitada de sal. Misture tudo até obter uma massa elástica e macia, cubra e deixe crescer por meia hora. Prepare o recheio, aquecendo o mel por cerca de 15 minutos, acrescentando as nozes picadas e continuando o cozimento por mais 10 minutos. Adicione as raspas da laranja e a farinha de rosca. Misture e coloque na geladeira por meia hora. Abra uma massa fina e corte-a em tiras de 5-6cm de largura, espalhe por cima o recheio e enrole-as para formar bastõezinhos de aproximadamente 50cm de comprimento.

Asse-os por cerca de 15 minutos no forno a 200°C até ficarem dourados.

... e ao final da refeição

Vinsanto e ponche

Ao final da refeição, vamos conciliar a cozinha do interior com a cozinha do mar, falando do Vinsanto e do ponche à livornense - o violino e o trompete, por assim dizer.

O Vinsanto toscano é obtido pelos cachos selecionados das uvas Trebbiano e Malvasia del Chianti (como da *Oenologia* toscana de 1773), hoje unidas às uvas Pinot, Chardonnay e Sauvignon, secas em espaço adequado. O melhor desse vinho se obtém depois de pelo menos 5 anos de envelhecimento em pequenos tonéis de carvalho, com capacidade de 25 litros, na presença de uma matriz (como para o vinagre), e em locais

suscetíveis às variações climáticas, como sótãos.

O resultado é um excelente vinho, uma sinfonia de aromas, mais parecido com o *brandy*, embora exista uma variante doce, muito popular.

O verdadeiro Vinsanto não é fácil de encontrar e, por essa razão, é caro. Era o vinho símbolo da hospitalidade de camponeses e nobres, que ofereciam o melhor sem pedir nada em troca. O hábito de bebê-lo com os *cantuccini* é uma barbárie se não se limitar ao Vinsanto doce, do tipo feito de uvas-passas; a única companhia que combina com o grande Vinsanto, na realidade, é a de um bom amigo.

Se o ponche à livornense é o trompete, ele é, porém, aquele de Armstrong ou de Chet Baker, de tão forte e doce, macio e ardente. É preparado em um copo de vidro grosso, chamado *gottino* pelos taberneiros, no qual se coloca o açúcar, o rum e uma fatia de limão (apoiada no copo, em forma de vela de barco); coloca-se, depois, um café curto e, com o vapor da máquina de café, leva-se a bebida à fervura. É possível substituir o rum por uma mistura de rum e conhaque, o chamado "meio a meio".

Tudo muito simples, mas cuidado: o rum, aquele verdadeiro das Antilhas, não pode ser utilizado, pois o sabor fica desagradável. Deve-se usar o "rum fantasia", ou *rumme*, idealizado em Livorno por Gastone Biondi e feito com álcool, açúcar e caramelo escuro (é um rum somente "na fantasia"). O *rumme* é encontrado praticamente só em Livorno e vizinhança. Se o encontrarmos, o ponche ficará ótimo, mesmo preparado em casa.

Mas, para se ter a real e melhor experiência do ponche, é preciso ir ao Bar Civili em Livorno, à noitinha, e tomá-lo em meio a quadros de pintores livornense, operários jogando baralho e senhoras que acabaram de sair do teatro usando casacos de pele.

Sumário